Pendo

W0058464

Olivier Clerc

INNEN STARK UND AUSSEN GANZ WEICH

*Was uns die Weisheit der Natur
über das Leben lehrt*

Aus dem Französischen
von Ralf Pannowitsch

P e n d o München und Zürich

Mehr über unsere Autoren und Bücher:
www.pendo.de

Die Originalausgabe erschien 2005 unter dem Titel
»La grenouille qui ne savait pas qu'elle était cuite et autres
leçons de vie« bei Editions JC Lattès, Paris.

ISBN 978-3-86612-191-1
© 2005 by Editions JC Lattès
Deutsche Ausgabe:
© Piper Verlag GmbH, München 2009
Gesetzt aus der Minion Pro
Satz: BuchHaus Robert Gigler, München
Druck und Bindung: CPI – Clausen & Bosse, Leck
Printed in Germany

Inhaltsverzeichnis

Einführung

Alles ist Sprache, alles redet zu uns: Naturerscheinungen, physikalische Experimente, die Verhaltensweisen der Tiere. Aus der Beobachtung von Tatsachen haben die Wissenschaftler Gesetze abgeleitet. Die Dichter, Philosophen und Weisen wiederum haben Ähnlichkeiten und Analogien zwischen verschiedenen Phänomenen beobachtet und ihre Erkenntnisse in eine symbolische Sprache gefasst, und zwar in Form von Metaphern oder Parabeln, die uns vieles lehren können. Sie stellen die tief liegende Einheit von Phänomenen heraus, die ohne Zusammenhang scheinen, aber in Wahrheit von denselben Prinzipien bestimmt werden. So schrieb schon der rumänische Weisheitsdenker Omraam M. Aïvanhov: »Die symbolische Sprache, welche die Universalsprache ist, verkörpert die Quintessenz der Weisheit. [...] Symbole sind Samenkörner, die Sie ausstreuen können; auf diese Weise arbeiten Sie mit einem Dutzend von Symbolen und haben alle Wissenschaften für sich. [...] Es ist wichtig, die symbolische Sprache zu vertiefen, denn indem sie die Verbindungen, die Entsprechungen zwischen den Dingen aufscheinen lässt, enthüllt sie die tiefe Einheit allen Lebens.«

»Die tiefe Einheit allen Lebens« ... In diesen Worten ist alles enthalten. Metaphern und Allegorien unterstreichen, dass auf allen Ebenen dieselben Kräfte wirken, dieselben Prozesse und dieselben Gesetze: in uns und außerhalb von uns, im Makrokosmos wie im Mikrokosmos, überall. Die Erkenntnis, die sie uns vermitteln, ist nicht analytisch, sondern synergetisch – sie bringt zusammen, vereinigt, deckt Verbindungen auf.

Metaphern haben noch einen anderen Vorzug, vor allem, wenn sie aus der Natur abgeleitet sind: Sie behalten über Jahrhunderte und Jahrtausende hinweg ihre Strahlkraft. Die von Jesus verwendeten Gleichnisse sprechen heute noch zu uns. Ebenso verhält es sich mit den Symbolen und Bildern, die man beispielsweise in den Upanischaden findet oder in der toltekischen Überlieferung. Haben Sie hingegen schon einmal versucht, ein wissenschaftliches Werk aus dem beginnenden 20. Jahrhundert zu lesen (ganz zu schweigen von denjenigen aus früheren Jahrhunderten)?

Wissen altert, Erkenntnis nicht. Ein Zeichen ist der Abnutzung durch die Zeit unterworfen, ein Symbol nicht. Eine Frucht verdirbt, aber ein Samenkorn kann sich jahrhundertelang erhalten. Symbole und Bilder werden nämlich durch unser eigenes Erleben aufgefrischt, durch unsere Erfahrung, unsere innere Bilderwelt. Die symbolische Sprache ist wahrhaft ein Träger von Erkenntnis: Es bedarf unserer Mitwirkung, um ihr Leben einzuhauchen.

Wer sich für Etymologie interessiert, wird feststellen, dass das Wort »Symbol« sozusagen das Gegenteil von »Teufel« ist! Das deutsche Wort für den Höllenfürsten ist nämlich über das Lateinische vom griechischen *diabolos* entlehnt, und noch deutlicher wird die Verwandtschaft in den Adjektiven »symbolisch« und »diabolisch«. Das griechische *symbollein*, wörtlich übersetzt »zusammenwerfen«, bedeutet das Aneinanderrücken und Vereinen von Dingen, während *diabollein* für das Trennen und Entzweien steht. Vom Wortursprung her gesehen ist der Teufel der Geist der Teilung und Entzweiung. Die Gestalt mit Hörnern, Hufen, zugespitztem Schweif und rötlicher Haut ist eine spätere »Verkörperung«. In einer Epoche, in welcher der analytische Geist alles beherrscht und einem übersteigerten Individualismus ebenso Vorschub leistet wie der sozialen Zersplitterung, der Reduzierung der Welt auf Ziffern, auf Statistiken und leblose Daten, vermögen wir dank der Symbole wieder Leben, Poesie, Imagination, Bindung und Sinn in die Welt zu tragen.

Die sieben Parabeln, die ich für dieses Buch ausgewählt habe, handeln alle von Bewusstsein, Veränderung und Entwicklung. Größtenteils sind sie von Naturerscheinungen oder physikalischen Experimenten inspiriert. Ihre jeweiligen Botschaften werden sich unweigerlich überschneiden, ergänzen und bereichern: In der ganzheitlichen Sichtweise, die für Symbole charakteristisch ist, gibt es nichts, das völlig abgetrennt wäre von anderen Dingen.

Jede Metapher lässt selbstverständlich mehrere Deutungen zu, mehrere Lesarten, die einander nicht ausschließen. So dient das Symbol mit dem Kreis und dem Punkt manchmal dazu, die Sonne zu versinnbildlichen, ein andermal steht es für den Menschen und manchmal sogar für das ganze Universum. Beim Lesen dieses Buches werden Sie in den vorgestellten Gleichnissen gewiss noch andere Botschaften entdecken als die von mir vorgeschlagenen – umso besser! Meine Absicht ist es ja, diese Gleichnisse in Ihnen zum Leben zu erwecken, sie zu Ihrem geistigen Besitz werden zu lassen, damit sie sich mit Ihrer Lebensgeschichte und Ihrer Vorstellungswelt verbinden und Ihnen weiterhin geistige Nahrung spenden und so lehrreich und nützlich für Sie werden, wie sie es für mich waren und immer noch sind.

Nun bleibt mir nur noch, Ihnen eine gute Reise ins Land der Parabeln zu wünschen!

Olivier Clerc

1 Der Frosch im Wasserkessel: Sind wir schon halb gekocht?

Denken Sie sich einen Kessel, der mit kaltem Wasser gefüllt ist und in dem ein Frosch friedlich umherschwimmt. Unter dem Kessel wird ein Feuer angemacht. Das Wasser erwärmt sich allmählich, jetzt ist es schon beinahe lauwarm. Der Frosch empfindet das als eher angenehm und zieht nach wie vor seine Kreise.

Die Temperatur steigt weiter an. Nun ist das Wasser warm, ein wenig wärmer, als der Frosch es gerne hätte, aber es beunruhigt ihn noch lange nicht – vor allem, da er von der Wärme immer müder und benommener wird.

Jetzt ist das Wasser richtig heiß. Dem Frosch wird es ungemütlich, aber gleichzeitig ist er bereits geschwächt, und so erduldet er die Temperatur; er versucht, sich an die neue Lage anzupassen und unternimmt rein gar nichts.

Die Wassertemperatur wird auf diese Weise kontinuierlich weiter steigen, ohne dass es eine abrupte Ver-

änderung gäbe, bis man schließlich jenen Moment erreicht, an dem der Frosch ganz einfach tot und gekocht ist, ohne dass er jemals versucht hätte, sich aus dem Kessel zu befreien.

Wäre derselbe Frosch plötzlich in einen Kessel mit fünfzig Grad warmem Wasser geworfen worden, hätte er sich sofort mit einem Sprung aus dem Kessel gerettet.

Erstmals vorgestellt wurde diese Parabel wahrscheinlich im 1987 erschienenen Buch *The boiled frog syndrome* von Marty Rubin. In jüngster Zeit hat Al Gore mit der Parabel in seinem Buch *Eine unbequeme Wahrheit* für Aufmerksamkeit gesorgt.

Dieses Experiment, das ich Ihnen natürlich nicht zur Nachahmung empfehle, ist außerordentlich lehrreich. Es zeigt uns, dass wir uns einer Verschlechterung unserer Lage nicht bewusst werden, wenn sie sich nur ausreichend langsam vollzieht. Sie ruft in den meisten Fällen kcine Reaktion hervor, keinen Widerspruch, keine Auflehnung unsererseits. Beobachten wir nicht genau dies heutzutage in vielen Lebensbereichen?

So kann sich beispielsweise die Gesundheit langsam und unmerklich, aber sicher verschlechtern. Eine Krankheit ist oft die Folge einer Ernährung mit nährstoffarmen, industriell gefertigten oder sogar giftigen Produkten; hinzu kommen ein Mangel an körperlicher Betätigung, Stress, emotionale Belastungen. Manche Krankheiten brauchen zehn, zwanzig oder dreißig

Jahre, sie nisten sich allmählich in uns ein; während dieser ganzen Zeit füllen sich unser Körper und unsere Psyche mit Giftstoffen an, mit Spannungen, Blockaden, mit Unausgesprochenem und Verdrängtem. Wir gewöhnen uns an die eine oder andere kleine Unannehmlichkeit, Empfindungsvermögen und Vitalität lassen nach, und daher reagieren wir nicht auf jene unmerkliche Schwächung unserer Gesundheit, bis Krankheitsbilder auftreten, die gravierend sind und sich dann nur schwer behandeln lassen.

In Beziehungen macht sich gleichfalls oft eine schleichende Verschlechterung breit. Wer könnte schon sagen »Seit dem 23. November um 15 Uhr geht es mit unserer Ehe bergab«? Die Qualität unserer Beziehungen baut sich in ganz kleinen Schritten ab, wenn man nichts tut, um sie intakt zu erhalten. Ungesagtes, Missverständnisse und Groll häufen sich an, ohne dass wir darüber sprechen oder gemeinsam nach Lösungen suchen. Wie in einem Garten, den man nicht mehr pflegt, sprießen immer mehr Unkräuter, und er verwildert zusehends. Ein Paar, das seine Beziehung nicht pflegt, nimmt kaum wahr, wie diese unmerklich, doch stetig den Bach hinuntergeht, bis schließlich der Punkt erreicht ist, wo sie einfach unerträglich geworden ist. So verwundern auch die hohen Scheidungsraten in unserer zeitgenössischen Gesellschaft nicht (ganz zu schweigen von all den Trennungen, die von Statistiken erst gar nicht erfasst werden).

Im Bereich der Landwirtschaft und des Umweltschutzes verweist uns die Parabel vom Frosch im Kessel auf die fortschreitende Vergiftung der Böden, der Luft und des

Wassers, die so viel schleichender und gefährlicher ist als jene handfesten Katastrophen, die ein breites Medienecho finden. Mit den Jahren wird man immer mehr Zusatzstoffe einbringen müssen, damit die Erde überhaupt noch etwas hergibt – und bald wird man mehr in den Boden geben, als man an Ernten herausholt. Nach dem gleichen Muster sorgen große Tankerunglücke für Schlagzeilen, doch sollten wir das alltägliche »Verklappen« (Ölablassen) der Schiffe und die chronische Verschmutzung der Meere und Ozeane viel stärker fürchten, sind sie doch viel gefährlicher, weil sie kaum sichtbar sind. Jene Folgen haben bislang noch keinen ökologischen »Rettungssprung« hervorgerufen, mit dem sich der Frosch – in diesem Fall wir alle – aus solchen ekelerregenden Gewässern befreit.

Im gesellschaftlichen Zusammenleben beobachten wir einen permanenten Niedergang von Werten, Ethik und Moral. Von Jahr zu Jahr geht dieser Niedergang so schleichend vonstatten, dass sich nur wenige darüber empören. Um es deutlich zu machen, stelle man sich einen Durchschnittsfranzosen der beginnenden 1980er-Jahre vor, der beispielsweise das aktuelle Fernsehprogramm anschaut oder die Zeitungen von heute liest (ganz wie der Frosch, den man plötzlich ins fünfzig Grad warme Wasser taucht). Gewiss könnten wir beobachten, wie er völlig verblüfft und ungläubig reagiert. Er würde kaum glauben, dass man inzwischen Artikel schreibt, die inhaltlich so mittelmäßig und sprachlich derart liederlich sind wie jene, die man heutzutage häufig vorgesetzt bekommt, und dass so blödsinnige Sendungen ausgestrahlt werden, wie sie heute gang und gäbe sind. Die Zunahme von Vulgarität und Plumpheit, die Verflüchtigung von Orientierungsmarken und moralischen Normen, die Relativierung der Ethik sind im Zeitlupentempo vonstattengegangen, sodass sehr wenige Menschen diese Veränderungen bemerkt oder darauf hingewiesen haben.

Ich könnte für dieses Phänomen noch andere Beispiele anführen, etwa aus der Politik oder dem Bildungswesen, aber das Prinzip liegt so klar auf der Hand, dass jeder selbst ausmachen kann, wo es überall in Erscheinung tritt. Eins sei indessen klargestellt: Wenn ich diesen langsamen Prozess des Niedergangs ins Rampenlicht rücke, möchte ich damit weder Schwarzmalerei betreiben noch eine verflossene Epoche idealisieren, in der Gesundheit, Familie und Moral geblüht hätten, denn solch eine Vergangenheit gehört klar ins Reich der Legende. Mit meinem Befund möchte ich vielmehr unterstreichen, dass in einer Situation, die sich dermaßen schleichend über einen langen Zeitraum entwickelt hat, alle raschen und kurzfristigen Lösungen, mit denen wir Abhilfe schaffen wollen, im Allgemeinen unangebracht sind; sie könnten sogar dazu beitragen, die Situation zu verschlimmern. Es geht also nicht darum, den Rückwärtsgang einzulegen und in eine angeblich ideale Vergangenheit zurückzukehren. In unseren Versuchen, die Gegenwart zu verbessern, müssen wir vielmehr klar auszumachen lernen, was nur Illusion und völlig fruchtloses Bemühen ist.

Dass wir beispielsweise im Gesundheitswesen diesen schleichenden Prozess nicht wahrnehmen oder nicht wahrhaben wollen, hat zur Folge, dass wir immer mehr Medikamente und medizinische Leistungen aller

Art konsumieren. Die kolossalen »Gesundheitskosten« (die ja eigentlich Krankheitskosten sind) zeugen mitnichten von einer Gesellschaft, der es gut oder »immer besser« geht. Sie sind kennzeichnend für eine Gesundheitspolitik, die nichts von den tief liegenden Ursachen der Krankheiten weiß und nur schnelle, symptombezogene und oberflächliche Lösungen anbringt, womit sie jedoch langfristig dazu beiträgt, dass unsere Erkrankungen fortbestehen und immer komplexer werden. Einzig eine Politik, die auf Vorsorge und langfristige Gesundheitserziehung abzielt, könnte damit beginnen, den Irrweg der Übermedikamentierung zu beenden und dem Gesundheitswesen dauerhaft eine andere Ausrichtung zu geben. Dann würde es freilich mindestens noch eine Generation dauern, ehe man die ersten Resultate erkennen könnte.

Das Anwachsen von Gewalt und Kriminalität können wir nicht eindämmen, indem wir einzig und allein die Repressionsmittel – Polizisten, Sicherheitsdienste, Überwachungskameras – vermehren. Solange wir uns nicht mit den umfassenden und tief liegenden Ursachen für Gewalt und Kriminalität befassen – Ursachen, die mehrere Jahrzehnte zurückreichen –, können unsere punktuellen Lösungen, die aus wahltaktischen Gründen natürlich rasch und angeblich effizient sein müssen, uns nur einen vorübergehenden Aufschub gewähren, bevor die Probleme erneut und in größerem Ausmaß aufbrechen. Und so ähnelt die moderne westliche Gesellschaft einem großen Ballon, aus dem langsam die Luft entweicht und dessen äußere Form wir ungeschickt zu bewahren versuchen, indem wir seine Hülle versteifen. Wir begnügen uns immer nur damit, durch Gesetze und Verordnungen Strukturen zu verfestigen. Die Zunahme solcher Maßnahmen ist bereits ein Zeichen für einen schlechten moralischen Zustand der Gesellschaft.

Das Gleichnis mit dem Frosch lehrt uns, dass wir jedesmal, wenn sich eine Situation langsam, sanft und beinahe unmerklich verschlechtert, ein geschärftes Bewusstsein oder ein gutes Erinnerungsvermögen brauchen, um diese negative Entwicklung überhaupt wahrzunehmen, oder aber eine zuverlässige Messlatte, welche man an den aktuellen Zustand anlegen kann. Doch es scheint, dass diese drei Faktoren heutzutage allesamt rar geworden sind.

1. Ohne waches Bewusstsein würden wir weniger sein als Menschen; unser Handeln würde nur durch Instinkte und automatische Reaktionen gelenkt. Kein wirkliches Denken, keine Reflexion, keine Willensfreiheit sind möglich ohne Bewusstsein. »Bewusstlos« schläft der Mensch im eigentlichen Wortsinne wie im übertragenen. Daher steht auch das »Erwachen« im Zentrum aller Formen von Spiritualität.

2. Unseres Gedächtnisses beraubt, könnten wir alle Tage aus der Helligkeit in das Dunkel der Nacht eintreten (und umgekehrt), ohne dies auch nur irgendwie wahrzunehmen, denn die Veränderungen der Lichtstärke sind zu langsam und zu schwach, um von der menschlichen Pupille erfasst zu werden. Es ist das Gedächtnis, welches uns im Nachhinein den Wechsel von Tag und Nacht zu Bewusstsein bringt, und das Gedächtnis erlaubt uns auch, all jene subti-

len Veränderungen zu messen, die sich in unserem Innern und in der äußeren Welt in einem sehr langsamen Rhythmus abspielen. Ohne Gedächtnis gäbe es kein Vergleichen, kein Unterscheidungsvermögen und damit auch keine Entwicklung.

3. Schließlich könnte man sagen, dass der Frosch am Ende auch deshalb gekocht wird, weil er zur Messung des fortschreitenden Ansteigens der Temperatur kein anderes Thermometer besitzt als seine Haut. Er kann keinen zuverlässigen Maßstab anlegen, um die Entwicklung der Lage richtig einzuschätzen. Aber welches sind denn unsere Wertmaßstäbe? Wie beurteilen wir die »Umgebungstemperatur«? Worauf nehmen wir Bezug, um die Qualität unseres Lebens, unserer Gesundheit oder der Gesellschaft zu bewerten?

Ehe man sich wiegt, überzeugt man sich, dass die Waage auf null steht. Ehe man ein Messinstrument verwendet, eicht man es, denn sonst wären die angezeigten Werte nicht vertrauenswürdig. Aber wie ist es um unsere inneren Maßstäbe bestellt? Kennen wir die soziokulturellen, familiären, religiösen und sonstigen Einflüsse, welche die Justierung dieser Instrumente – oftmals ohne unser Wissen – bestimmt haben?

Wenn sich die Dinge einfach so verschlechtern können, ohne bei uns eine Reaktion hervorzurufen, dann liegt es sicher auch an unserem übertriebenen Vertrauen in unsere eigenen Einschätzungen, die doch notgedrungen subjektiv ausfallen, sowie am übereilten Infragestellen althergebrachter kollektiver Wertmaßstäbe, die wir zu schnell durch pragmatischere, nur für den Moment gültige ersetzen. Die alten Maßstäbe waren von den Religionen aufgestellt worden, indem sie einerseits Verbote festsetzten, mit denen man sich vor den Abgründen schützte, und andererseits Ideale benannten, denen man entgegenstreben sollte. Wir können hier eine Parallele ziehen zu dem Verfahren, mit dem man Thermometer herstellt. Dabei markiert man an einem quecksilbergefüllten Röhrchen, welcher Stand erreicht wird, wenn man es in kochendes Wasser taucht, und wie tief die Säule fällt, wenn man es in Eiswasser hängt. Hinterher versieht man den Zwischenraum mit einer Gradeinteilung. Die Wahl der Gradeinteilung ist zwar willkürlich, aber das Wasser kocht und gefriert unter den gleichen Bedingungen, egal ob man zur Messung eine Celsius- oder eine Fahrenheit-Skala anlegt. Analog dazu ist es auch unwesentlich, welche Religion wir uns zum Bezugspunkt wählen: Die erstrebenswertesten wie die sträflichsten Handlungen sind überall dieselben, obgleich jede Religion ansonsten eigene Abstufungen vornimmt. Die modernen moralischen und spirituellen Wertmaßstäbe bieten uns hingegen kaum noch eine höhere Perspektive, sondern sie begnügen sich damit, eine unterste Markierung anzugeben, und das Lieblingsspiel unserer Zeitgenossen besteht darin, diese Untergrenze immer noch weiter zu senken. »Wie weit kann man das noch unterbieten?«, scheint die Devise unserer Tage zu lauten. Die Unmoral von heute wird auf diese Weise zur Moral von morgen.

Wenn ich dies sage, möchte ich damit weder einem religiösen Fundamentalismus das Wort reden noch die Zugehörigkeit zu den etablierten Religionen preisen (ohne dass ich diese im Übrigen ablehnen würde); ich möchte einfach unterstreichen, wie notwendig es ist, dass wir uns ein Bezugssystem suchen, das eine nicht verhandelbare Untergrenze festsetzt, vor allem aber auch ein Ideal, zu dem wir uns aufschwingen sollen. Wie könnten wir Fortschritte machen ohne die Vision einer potenziell besseren Welt? Wozu sollten wir uns überhaupt vom Fleck rühren ohne einen Horizont, dem wir entgegenstreben können? Das Ideal ist ein Heilmittel sowohl gegen den Status quo als auch gegen den Niedergang.

Was haben wir also festgestellt?
1. Verdummt durch ein Übermaß an Sinnesreizen, schläft unser Bewusstsein ein.
2. Vollgestopft mit zu vielen unnützen Informationen, stumpft unser Gedächtnis ab.
3. Ohne Wertmaßstäbe besitzen wir keine festen Bezugspunkte mehr.
4. Erstickt von Materialismus und Konsumdenken, schrumpfen und sterben unsere Ideale.

Ohne Bewusstsein, gedächtnislos und abgestumpft, bleibt dem Frosch nichts anderes übrig, als sich kochen zu lassen ... Und ganz auf diese Weise versinkt ein Teil der Gesellschaft in moralischer und spiritueller Dunkelheit.

Der Frosch im Wasserkessel verweist uns auf eine Falle, vor der wir uns niemals genug hüten können, wenn unser Ideal im Streben nach Qualität, Höherentwicklung, Vervollkommnung liegt und wir Mittelmaß, Status quo und Schlendrian ablehnen. Das Gesetz der sich selbst überlassenen Materie ist nämlich die Entropie. Wenn man etwas nicht pflegt, wird es verkümmern, verfallen, verkommen, egal ob es sich um den eigenen Körper handelt, um eine Beziehung, einen Garten oder das soziale Gefüge eines Landes. Alles erfordert Pflege, Engagement, Wachsamkeit und Mühe.

Mühe? Dieses Wort ist auf dem besten Wege, ein unanständiger Ausdruck zu werden. »Verlieren Sie mühelos Ihre überflüssigen Pfunde«, »Werden Sie ohne Anstrengung reich«, »Öffnen Sie all Ihre Chakren und gelangen Sie mühelos zur Erleuchtung« – solche Slogans (oder kaum weniger explizite Abwandlungen) werden uns von zahlreichen Medien angeboten. »Alles, und zwar jetzt gleich und ohne jede Anstrengung – und am besten noch gratis«: so klingt das Ideal, das man uns heutzutage verkaufen möchte. »Lassen Sie uns nur machen«, erklärt man der Menschheit, »Wir kümmern uns um alles!«. Ach so? ... Der Gipfel ist, dass gewisse Autoren nicht zögern, spirituelle Prinzipien zu pervertieren, um eine angeblich »erleuchtete« Form des Sich-Gehen-Lassens zu rechtfertigen, von der behauptet wird, sie bringe ihren Adepten Erfolg auf allen Ebenen: Man brauche nur die Hand auszustrecken nach dem Überfluss, und das ganze Universum solle sich »verschworen« haben, uns reich und glücklich zu machen ... Und es gibt viele Menschen, die sich gewissermaßen als fügsame Frösche auf diese Weise überzeugen lassen, passiv in ihrer Brühe zu verharren, die sich ganz sicher in einen Born der Gesundheit und ein Lebenselixier verwandeln wird ... Natürlich ist all das nur dummes Geschwätz: Ohne Anstrengung, ohne eine kontinuierliche Zufuhr von Energie gehen die Dinge ganz einfach den Bach hinunter. Und hinter der Leichtigkeit und den augenblicklich eintretenden Wirkungen, welche man uns anbietet (zu alledem noch kostenlos), verbirgt sich im Allgemeinen eine gepfefferte Rechnung, die wir später zu begleichen haben werden.

Die Gefahr für den Frosch im Wasserkessel besteht außerdem darin, dass mit fortschreitender Verschlimmerung der Lage auch die Fähigkeiten schwinden, diese Verschlechterung richtig einzuschätzen. Es ist so wie bei jemandem, der ermüdet am Lenkrad einschläft. Je müder er wird, desto weniger ist er sich bewusst, dass seine Fahrtüchtigkeit schwindet.

Um zu merken, dass ich bewusstlos bin, müsste ich bei Bewusstsein sein. Um mir klarzumachen, dass ich meine Wachsamkeit eingebüßt habe, müsste ich wach sein. Das Paradoxe an der Persönlichkeitsentwicklung ist, dass ich auf jeder Stufe erst rückblickend merke, wie unfrei ich während der vorangegangenen Etappe war. Wir sollten also beständig danach streben, über uns selbst hinauszuwachsen, ein höheres Bewusstsein und eine richtigere Wahrnehmung zu erlangen. Anders gesagt, wir sollten eine gesunde Spielart des Zweifels kultivieren – nicht jenen, der uns am Vorwärtsgehen hindert, der alles untergräbt und kritisiert, sondern ein Zweifeln, das sich nicht mit dem äußeren Anschein zufriedengibt, das uns dazu drängt, weiter zu gehen, die Dinge noch einmal infrage zu stellen – ja endlich gar uns selbst und unsere Gewissheiten infrage zu stellen.

Ganz allgemein gesprochen: Wie kann man als Individuum oder als Gemeinschaft verhindern, dass man in dieselbe Falle tappt wie der Frosch im Wasserkessel?

Es kann uns gelingen, indem wir unablässig unser Bewusstsein erweitern, indem wir unser Gedächtnis schärfen, um die Elemente zu bewahren, die wir für einen Vergleich des Gegenwärtigen mit dem Vergangenen brauchen. Indem wir auf zuverlässige Maßstäbe zurückgreifen, um die Veränderungen richtig zu bewerten, wobei man wohlweislich jene Maßstäbe suchen sollte, die am wenigsten den Moden, dem Wandel der Epochen und dem Zeitgeist unterworfen sind. Indem wir schließlich hochgesteckte Ideale zu dem Treibstoff machen, der es uns ermöglicht, uns immer aufs Neue selbst zu übertreffen.

Es ist kein Zufall, wenn Bewusstseinstraining und Bewusstseinsentwicklung ein gemeinsamer Nenner aller spirituellen Praktiken sind: Man soll sich seiner selbst bewusst werden, seines Körpers, seiner Sprache, seiner Gedanken und Emotionen, man soll ein Bewusstsein für die anderen entwickeln.

In einer mit Informationen überfrachteten Welt ist es für das Gedächtnis unerlässlich, dass wir unseren Erinnerungen eine Rangfolge zu geben verstehen. Die wichtigsten sollen wir mit dem Siegel unseres Bewusstseins markieren, aber andererseits ein selektives Vergessen praktizieren, um Raum für das Wesentliche zu schaffen. Verschiedene Untersuchungen legen nahe, dass nichts wirklich vergessen wird, sondern alles eine Spur zurücklässt. Unter »selektivem Vergessen« verstehe ich also vor allem unser Bemühen, das »lebendige Gedächtnis« frei zu räumen, dasjenige, das wir am häufigsten benutzen – im Unterschied zum »toten Gedächtnis«, der Festplatte, die mehr oder weniger tief vergraben, all unsere Erinnerungen enthält.

Im Französischen sprechen zwei Ausdrücke davon, wie man sich Dinge einprägen kann: *savoir de tête* (etwas »im Kopf wissen«) und *apprendre par cœur* (etwas auswendig, wörtlich »mit dem Herzen«, lernen). Was man »im Kopf« weiß, widersteht dem Vergessen nicht lange. Es sind die Lektionen, die man für eine Prüfung gepaukt und am nächsten Tag schon wieder vergessen hat. Was wir hingegen »mit dem Herzen« lernen, bleibt jahrelang erhalten. Wollen wir uns an wichtige Dinge erinnern, so müssen wir uns für sie begeistern und sie uns im wörtlichen wie im übertragenen Sinn zu Herzen nehmen.

Was schließlich die Wertmaßstäbe und Ideale angeht, so mangelt es nicht an Bezugspunkten und Inspirationsquellen. Natürlich kann es vorkommen, dass man sich nicht mehr im Gleichklang fühlt mit der Tradition, in welcher man erzogen worden ist, oder dass man meint, gewisse Lehren seien auf die Gegenwart nicht mehr zugeschnitten. Schütten wir das Kind also nicht mit dem Bade aus. Wir haben das Glück, in einer Epoche zu leben, in welcher die Weisheit aller Zeitalter und aller Kulturen der Welt den meisten Menschen zugänglich ist.

Ein letztes Wort noch, bevor wir mit der ersten Parabel zum Ende kommen. Das Grundprinzip dieses Gleichnisses – man nimmt eine allmähliche Veränderung nicht wahr und reagiert daher auch nicht angemessen – funktioniert genauso, wenn man es ins Positive wendet, selbst wenn man hier lieber eine andere Beispielgeschichte finden sollte, die nicht mit einem zerkochten Frosch endet. Die kleinen und großen Veränderungen, die sich um uns herum und in unserem Innern vollziehen, sind nämlich nicht immer negativ! Doch selbst wenn sie positiv sind, können sie unbemerkt auftreten. Für den Einzelnen werden unsere täglichen Anstrengungen, uns zu verbessern (Arbeit an sich selbst, Meditation, Gebet) auf kurze Sicht keine spürbaren Auswirkungen haben. Auch die Fortschritte bei den Bürgerrechten oder bei den Arbeitsbedingungen haben sich über mehrere Jahrzehnte hinweg ganz allmählich durchgesetzt. Nehmen wir diese positiven Veränderungen nicht wahr, hat das für uns ebenfalls ärgerliche Folgen, wenngleich andere als bei der negativen Kehrseite des Phänomens. Wenn wir die Resultate unserer inneren Bemühungen nicht sehen, kann uns das entmutigen und zum Aufgeben bringen, wo wir doch bei ein bisschen mehr Beharrlichkeit plötzlich sehen würden, wie unsere Mühen belohnt werden. Und wenn wir nicht merken, welche Rechte uns zustehen, werden wir vielleicht Undankbarkeit und Unzufriedenheit kultivieren.

Dies bedeutet also, dass der wichtigste Bestandteil unserer Froschallegorie die mangelnde Wahrnehmung einer Veränderung ist – egal ob einer negativen oder einer positiven, denn in beiden Fällen hat es für uns schädliche Folgen. Und so ist auch das beste Heilmittel in beiden Fällen gleich: Bewusstwerdung, Bewusstwerdung und noch einmal Bewusstwerdung. Davon hängt alles Übrige ab: Wozu diente uns das Gedächtnis, wozu wären Wertmaßstäbe und Ideale gut, wenn es uns an Bewusstheit fehlte?

Dazu eine kleine Anekdote, die ich in meinem ersten, inzwischen vergriffenen Buch erzählt habe: Als ich zwanzig war, versuchte ich, Bewusstheit in meinen

Träumen zu erlangen, um die Erfahrungen zu reprodu-
zieren, von denen ich in verschiedenen Werken über
Spiritualität gelesen hatte. Angesichts der enttäuschen-
den Resultate, welche die in jenen Büchern angeführten
Methoden erbrachten, beschloss ich, eine andere Strategie zu entwickeln. Nach allen Regeln der Logik musste
es doch so sein, dass ich, um ein bewusst Träumender
zu werden, erst einmal in der Realität des Wachzustan-
des eine größere Bewusstheit zeigen sollte. Ich schrieb
also mit dem Filzstift den Buchstaben »B« auf meine
linke Hand, um mich im Laufe des Tages so oft wie
möglich daran zu erinnern, dass ich bewusst durchs Leben gehen wollte. Jedes Mal, wenn ich den Buchstaben
sah (und das geschah natürlich sehr oft), legte ich eine
»Bewusstwerdungspause« von einigen Sekunden ein.
Ich unterbrach meine jeweilige Beschäftigung und
machte mir bewusst, wer ich war, wo ich mich befand,
welche Wahlmöglichkeiten sich mir auftaten, wie es um
meinen freien Willen stand usw. Es dauerte nicht einmal
eine Woche, bis ich begann, mitten in meinen Träumen
solche »Bewusstwerdungspausen« einzulegen, was es
mir erlaubte, häufig bewusste Träume zu haben, die ich
nach Belieben steuern konnte. Aber letztendlich zählten
diese klarsichtigen Träume nur zu den Nebengewinnen
aus der Tatsache, dass ich jetzt in allen Lebenssituatio-
nen mein tägliches Bewusstsein geschärft hatte. Wenn
man im Traum Bewusstheit erlangt, werden alle Wahrnehmungen plötzlich deutlicher: die Helligkeit ist gestei-
gert, die Farben sind lebhafter, der Klang (besonders der
eigenen Stimme) ist kräftiger. Auf dieselbe Weise inten-
siviert jeder Zuwachs an Bewusstsein auch im Wachzustand die Qualität des Erlebten und Gelebten.

Von Platons Höhlengleichnis über eine reichhaltige spirituelle Literatur bis hin zur aktuellen *Matrix*-Trilogie ist die Notwendigkeit, ein Bewusstsein zu erlangen, zu »erwachen« und sich nicht bloß auf Traumwahrnehmungen zu verlassen, immer wieder nachdrücklich unterstrichen worden. Manche setzen alles daran, den Homo sapiens in einen »Homo zappiens« zu verwandeln, indem sie ihn per Fernsehen verblöden lassen – das Fernsehen ist ja eine moderne Variante von Platons Höhle, nur mit farbigen Bildern statt mit Schatten. Wir hingegen würden viel dabei gewinnen, den »Homo consciens« zu fördern, den wachen und bewussten Menschen, der aus der warmen Brühe der ihn umgebenden Kultur rechtzeitig heraustritt!

2 Der chinesische Bambus: Von der Vorbereitung im Dunkeln

Man erzählt, dass es in China eine ganz besondere Bambusart gibt. Wenn man eines ihrer Samenkörner in fruchtbaren Boden steckt, muss man sich mit Geduld wappnen ... Im ersten Jahr passiert nämlich gar nichts: Kein Stängel, nicht das kleinste Sprösslein stößt durch den Boden. Im zweiten Jahr ebenso wenig. Und im dritten? Fehlanzeige. Dann aber im vierten Jahr? ... Von wegen! Man muss bis zum fünften Jahr warten, ehe der Bambus endlich eine Sprossspitze aus dem Boden schiebt.

Dann aber wird er in einem einzigen Jahr zwölf Meter hoch wachsen – was für eine spektakuläre »Aufholjagd«! Für dieses Phänomen gibt es eine einfache Erklärung: Fünf Jahre lang bildet der Bambus im Erdreich ein erstaunliches Wurzelwerk aus. Mit seiner Hilfe hält er, wenn der rechte Augenblick gekommen ist, seinen triumphalen Einzug in die sichtbare Welt, dringt er vor ans helle Licht des Tages.

Das Gleichnis vom Frosch handelt von einem Wandel, der sich sehr langsam und unmerklich vollzieht. Das vom chinesischen Bambus erzählt uns von einer plötzlichen, schnellen, spektakulären Veränderung. Beide hängen dennoch eng miteinander zusammen.

Die Geschichte vom chinesischen Bambus enthält einige sehr wichtige Lehren. Zunächst einmal zeigt sie uns, dass wir nicht glauben dürfen, es geschehe nichts, bloß weil unsere Augen nichts sehen. Dann verweist sie darauf, dass rasche oder gar augenblicklich erfolgende Veränderungen das Ergebnis einer allmählichen Entwicklung sein können, die wir nicht wahrgenommen haben.

So verhält es sich beispielsweise in der Chemie mit dem Phänomen der Ausfällungen. Man nimmt zwei Reagenzgläser, die unterschiedliche farblose Flüssigkeiten enthalten; man gießt den Inhalt des einen Gläschens in das andere – Tropfen für Tropfen. Kein Unterschied ist auszumachen, bis zu dem Augenblick, wo man noch einen Tropfen mehr hineingibt – einen einzigen Tropfen! – und plötzlich eine chemische Ausfällung stattfindet. Die Lösung wird blau und trübt sich im Handumdrehen. Wer nicht gesehen hat, wie all die vorangegangenen Tropfen ins Reagenzglas gefallen sind, und nur mitbekommt, wie Sie den allerletzten Tropfen hinzugeben, könnte voreilig daraus schließen, dies allein habe die Reaktion verursacht.

Eine ähnliche Erscheinung findet man in der Elektrizität mit den Kondensatoren. Diese Geräte (die zum Beispiel bei den Blinklichtern oder den Scheibenwischern unserer Kraftfahrzeuge zum Einsatz kommen) sammeln in sich elektrischen Strom an, bis eine bestimmte Ladung erreicht ist – eine Schwelle, bei deren Überschreiten der ganze Strom auf einmal frei wird und eine Lampe oder einen Motor in Gang setzt.

Noch ein letztes Beispiel aus der Physik: Die Elektronen eines Atoms kreisen mit verschiedenen Umlaufbahnen um den Kern, wobei jede dieser Bahnen einem bestimmten Energieniveau entspricht. Zwischen den Umlaufbahnen kann sich kein Elektron bewegen. Dies bedeutet, dass ein Elektron, um die Umlaufbahn zu wechseln, erst einmal das ganze Energiequantum anhäufen muss, welches seine Bahn von der benachbarten trennt. Wenn es neunzig Prozent der Energie für die nächste Umlaufbahn zusammenhat, bleibt es immer noch auf seiner Bahn; wir nehmen die von ihm angesammelte Energie erst wahr, wenn es mit einem Mal die Umlaufbahn ändert – in dem Augenblick, wo es vollständig die zum Überschreiten der Schwelle nötige Energiemenge erreicht hat. Diese Energiemenge nennt man ein Quantum; wenn solch ein Elektron seine Umlaufbahn wechselt, spricht man also von einem Quantensprung. Nach einer Bedeutungsausweitung dient dieser Begriff inzwischen dazu, alle möglichen radikalen Veränderungen zu charakterisieren – Veränderungen, die sich erst vollziehen, wenn ein bestimmtes Maß an Energie erreicht ist. Ebenso verwirklicht der chinesische Bambus sein außergewöhnliches Wachstum von zwölf Metern erst dann, wenn er sein Wurzelgeflecht so weit ausgebildet hat, dass es ihm den dafür nötigen Saft liefern kann.

Das Phänomen des chinesischen Bambus können wir auf vielen Gebieten des menschlichen Lebens beobachten. Wenn wir das nicht wissen, kommt es leicht zu

Fehldeutungen bestimmter Situationen. So können wir unnötig in Panik geraten, weil positive Veränderungen scheinbar ausbleiben; umgekehrt bauen wir aber vielleicht auch unsere Ruhe und Zuversicht auf das trügerische Fehlen negativer Anzeichen.

So machen einige Kinder beispielsweise regelmäßige und ununterbrochene Lernfortschritte, während es bei anderen so aussieht, als würden sie sich nicht weiterentwickeln. Gerade unter solchen finden sich aber häufig »Bambuskinder«, die, wenn sie erst einmal an einen bestimmten Punkt ihres nicht wahrnehmbaren inneren Reifungsprozesses gelangt sind, plötzlich Riesenschritte in ihrer Entwicklung vollziehen. Dann können sie die anderen Kinder, im Vergleich zu denen man sie für »zurückgeblieben« befunden hatte, einholen und bisweilen sogar überholen. Um nur ein Beispiel anzuführen: Man erzählt, dass Einstein erst mit drei Jahren gesprochen hat und dass er mit sieben als »zurückgeblieben« betrachtet wurde. Mit einer besseren Kenntnis der Psychologie eines jeden Individuums könnte man diese Kinder von solchen unterscheiden, die einen wirklichen Entwicklungsrückstand aufweisen. Dafür gäbe es Tests aller Art. Eltern und Lehrkräfte brauchten sich dann nicht grundlos zu beunruhigen, und die betreffenden Kinder mit ihrer »Quantensprungentwicklung« wären nicht länger einem äußeren Druck ausgesetzt, der ihr natürliches Vorankommen ebenso wenig beschleunigt, wie drohende Worte ein Saatkorn zum Keimen bringen können.

Wo es um Persönlichkeitsentwicklung, Psychotherapie und sogar Spiritualität geht, lässt sich vieles mit dem Gleichnis vom chinesischen Bambus deuten. Anders als bei den verstandesmäßigen Kenntnissen, die wir auf ziemlich lineare Weise durch das Ansammeln und Einprägen von Daten und Fakten erwerben, ereignen sich die Wandlungen, die unsere Psyche beeinflussen (das Herz, die Gefühle und Emotionen, die Spuren des Vergangenen), sowie jene, die Geist und Seele berühren, in den allermeisten Fällen nach dem Muster des chinesischen Bambus. Wenn wir uns beispielsweise damit begnügen, die mit unserer Kindheit zusammenhängenden psychischen Probleme intellektuell zu verstehen, ist das selten ausreichend, um in uns eine Wandlung, eine Befreiung auszulösen. Erst wenn die emotionale Last unserer Vergangenheit auf irgendeine Weise zum Ausdruck kommt, gelangen wir plötzlich auf eine neue Bewusstheitsebene. Manche Psychotherapeuten fördern diesen Prozess, indem sie ihre Patienten bitten, zu einer Ernährungsweise überzugehen, bei der viel Obst und Gemüse auf dem Speisezettel stehen. Auf diese Weise soll die Zahl der Elektrolyte im Körper erhöht werden, was den Patienten helfen kann, eine solche emotionale Befreiung zu erreichen. Ebenso werden viele Meditationstechniken, Konzentrations- oder Askeseübungen nicht unverzüglich Ergebnisse zeitigen. (In der Anfangszeit hat man manchmal sogar den Eindruck, als verschlimmerten sie den Zustand noch.) Erst nach Monaten oder – in den meisten Fällen – Jahren des Trainings wird sich eine Wandlung zeigen, manchmal in ganz kurzer Zeit. Die Anhänger einer spirituellen Übung, die noch keine Erfahrungen mit solch langsamen und unsichtbaren Entwicklungen haben, verlieren oftmals den Mut und meinen, ihre Bemühungen führten zu nichts, während sie vielleicht nur noch wenige Schritte davon entfernt sind, ihre Arbeit von Erfolg gekrönt zu sehen. Ganz allgemein sollten wir über das eine Prinzip des chinesischen Bambus hinaus stets im Auge behalten, dass nichts verloren geht, dass jede Anstrengung früher oder später ein Resultat erbringt, selbst wenn es meist nicht möglich ist, den genauen Zeitpunkt seines Eintreffens zu bestimmen.

Wenn wir jetzt die negative Seite des Gleichnisses vom chinesischen Bambus betrachten, so kann es uns böse Überraschungen bescheren; es gibt hierbei Parallelen, aber auch Unterschiede zur Froschparabel. Beim Frosch im Wasserkessel ging die Veränderung langsam vonstatten, aber sie blieb doch spürbar für den, der ein geschärftes Bewusstsein oder ein gutes Gedächtnis besitzt. Beim chinesischen Bambus hingegen ist die Veränderung von außen überhaupt nicht wahrnehmbar. Man könnte nur durch gezieltes Nachgraben etwas entdecken.

Auf medizinischem Gebiet rufen bestimmte Verhaltensweisen (beispielsweise das Rauchen) oder Mangelernährung (etwa Eisenmangel) eine schleichende Schädigung hervor, die wir immerhin beobachten können, wenn wir aufmerksam genug sind. Darin berühren sie sich mit der Froschgeschichte. Andere Veränderungen können von unseren gewöhnlichen Sinnen nicht wahrgenommen werden, sie gehören in die Kategorie »Bambus«. Sie rücken dann abrupt in unser Blickfeld, wenn es bereits sehr spät oder schlichtweg zu spät ist. Dies ist der Fall, wenn Knochen allmählich brüchig werden oder das Herz-Kreislauf-System immer mehr Schaden nimmt, weil man sich unausgewogen ernährt hat. Frakturen oder Gefäßkrankheiten zeugen dann von einem nicht bemerkten Schädigungsprozess.

Auf die gleiche Weise führt in der Landwirtschaft der Einsatz von chemischen Düngern und Pestiziden zu einer unmerklichen, aber gefährlichen Schädigung des Bodens, die man mit bloßem Auge nicht wahrnehmen kann. Ist jedoch erst einmal ein fataler Schwellenwert überschritten, führt sie zu einer nicht mehr umkehrbaren Wüstenbildung.

Mit anderen Worten: Die größten Gefahren sind nicht immer diejenigen, die einem sofort ins Auge springen. Einen Ölteppich auf dem Meer kann man kaum übersehen. Gerät aber das fragile Gleichgewicht der Zusammensetzung des Meerwassers ins Wanken – ein Gleichgewicht, das für das Überleben von Flora und Fauna unerlässlich ist –, so sehen wir nichts davon. Manchmal signalisiert uns erst das Verschwinden einer Pflanzen- oder Tierart, dass es eine unentdeckte Verschlechterung gegeben haben muss: Gewisse Nährstoffe, die für jene Lebewesen unbedingt notwendig wären, sind für sie nun nicht mehr verfügbar.

Das Gleichnis vom Bambus lehrt uns also auch, dass wir uns nicht auf den trügerischen Anschein verlassen dürfen. Angefangen von den Treibhausgasen, die teilweise dreißig Jahre benötigen, um die Atmosphärenschicht zu erreichen, in der sie ihre Schäden anrichten, bis hin zu den Hochspannungsleitungen, die bei Anwohnern im Laufe der Jahre zu Krebserkrankungen führen können – in allem, was mit dem Bambusgleichnis zu tun hat, steckt ein gewisser »Verzögerungseffekt«, der sehr unheilvolle Folgen haben kann.

Wir finden in der Parabel vom chinesischen Bambus auch den Begriff der »kritischen Masse« wieder, von dem heutzutage oft die Rede ist. Wenn es darum geht, eine neue Idee zu verbreiten, so verstreicht häufig eine ziemlich lange Zeitspanne, in der sämtliche Anstrengungen, die in jene Richtung zielen, keine oder zumindest sehr geringe Wirkung zu haben scheinen. Eines Tages – und niemand weiß, wann genau das passieren wird – ist dann die Schwelle überschritten, plötzlich verbreitet sich die Idee wie ein Lauffeuer, und alle Welt redet von ihr. Bald können wir uns schon nicht einmal mehr vorstellen, dass es eine Zeit gegeben haben soll, in der jene Sache unbekannt gewesen war. Nehmen wir einmal die Pädophilie. An und für sich handelt es sich dabei um kein neues Phänomen, und es hat auch nicht mit einem Mal größere Ausmaße angenommen: In Wirklichkeit haben die unermüdlichen Anstrengungen bestimmter Verbände, öffentliche Meinung und Staatsorgane für dieses Problem zu sensibilisieren, einfach nur die »kritische Masse« erreicht, also eine ausreichende Zahl informierter Menschen. Damit rückte diese Frage wie der Bambusspross mit einem Mal ins helle Tageslicht, und wir alle wurden auf sie aufmerksam.

Noch ein Beispiel aus einem ganz anderen Gebiet: Elisabeth Kübler-Ross, die Vorkämpferin der Sterbebegleitung, hat erzählt, wie sie sich ganz allein daran gemacht hat, die medizinischen Kreise für diese Frage zu sensibilisieren. Sie hat unermüdlich dafür gestritten, dass man endlich die Notwendigkeit einsah, Menschen auf der letzten Etappe ihres Lebens zur Seite zu stehen. Anfangs erntete sie nichts als Widerstände und Verunglimpfungen, und schließlich kam der Moment, wo sie verzweifelt und am Ende ihrer Kräfte beschloss, den Kampf aufzugeben. In dieser Situation, so erzählt sie, geschah ihr etwas so Unglaubliches wie selten in ihrem Leben. Genau an dem Tag, an dem sie bei ihrem Vorgesetzten die Kündigung einreichen wollte, erschien ihr einer von jenen Menschen, denen sie bis zu ihrem Ableben zur Seite gestanden hatte, in ihrem Büro, um ihr zu sagen, sie solle nicht aufgeben, denn ihre Arbeit werde bald Früchte tragen. Ohne diese Intervention aus dem Jenseits hätte Elisabeth Kübler-Ross nicht gewusst, dass sie nur noch einen Schritt davon entfernt war, ihre Anstrengungen belohnt zu sehen. Sie hätte sonst nicht gesehen, dass ihre mühevolle Arbeit mitnichten vergeblich gewesen war, sondern bereits ein mächtiges unterirdisches Wurzelgeflecht ausgebreitet hatte, aus dem in allernächster Zukunft ein vielversprechender Spross ans Tageslicht dringen sollte. Und tatsächlich, schon wenige Monate nach dieser verwirrenden Episode begann ihre Arbeit ein Interesse zu wecken, das seither unablässig gewachsen ist – und zwar so sehr, dass uns die Begleitung sterbender Menschen heute wie eine Selbstverständlichkeit erscheint.

In einer Epoche, die den Kult des Augenblicks bis zum Exzess betreibt – »Alles, und zwar jetzt gleich und ohne Anstrengungen!« –, lehrt uns das Gleichnis vom chinesischen Bambus, auf Beständigkeit und langfristige Arbeit zu vertrauen und Zuversicht zu haben. »Um einen Salatkopf hervorzubringen, braucht es ein paar Wochen, aber bis eine große Eiche gewachsen ist, dauert es hundert Jahre«, pflegte O. M. Aïvanhov zu betonen.

Verglichen mit jener Eiche bietet der chinesische Bambus noch die zusätzliche Schwierigkeit, uns seine unterirdisch verlaufende Entwicklung zu verbergen, so dass wir die bereits erzielten Fortschritte nicht messen können. Wir müssen also durchhalten, ohne spürbare Beweise für die Nützlichkeit unseres Tuns geliefert zu bekommen. Anders gesagt: Der chinesische Bambus lehrt uns, mit der Zeit zu arbeiten. Heute säen, um später einmal ernten zu können – am kommenden Tag, in einer Woche, einem Jahr oder sogar erst danach. Während Kinder im gegenwärtigen Augenblick leben (fünf Minuten Wartezeit kommen ihnen wie eine Ewigkeit vor, sie wollen schnelle, unverzügliche Resultate), lernen wir mit dem Alter und der Weisheit, die sich mit ihm ja einstellen soll, auf lange Sicht zu wirken und aus der Zeit nicht mehr unseren Feind, sondern unseren Verbündeten zu machen. Hier sei angemerkt, dass jenseits aller Ansichten und Moden, jenseits der schwankenden Urteile einer jeden Epoche die Zeit noch stets am sichersten und mitleidlosesten über alle menschlichen Werke gerichtet hat. Nur das Qualitätvolle vermag im Laufe der Jahre dem Verschleiß zu widerstehen – das Schöne, Gute, Wahre, Richtige. Der Rest wird im Strudel der Zeiten versinken.

Wollen wir aber umgekehrt allzu schnell vorankommen, ohne uns die Zeit zu nehmen, tiefe Wurzeln auszubilden, bevor wir dem Himmel entgegenstreben, dann laufen wir Gefahr, etwas Schwaches und Zerbrechliches hervorzubringen, das nicht genügend Saft haben wird, um seine Zweige zu ernähren und Früchte zu tragen. Das gilt für die Pflanzenwelt genauso wie für den Menschen und die von ihm geschaffenen Werke.

Zu einer Zeit, wo man in Frankreich viel von einer schlechten Sicherheitslage spricht, wo man die repressiven Mittel vervielfacht und die unterschiedlichen Formen von Gewalt und Straffälligkeit beklagt, sollten wir uns generell einmal fragen, wie sich unser Nachwuchs in den ersten Lebensmonaten im Boden der Existenz verankern kann. Bei nur zehn Wochen Mutterschaftsurlaub ist es für ein Baby, dessen Mutter arbeitet, sehr schwierig, ein Netz von tiefreichenden und Sicherheit spendenden Wurzeln im mütterlichen Boden auszubilden. So etwas erfordert mindestens ein Jahr, im Idealfall zwei oder drei. Doch kaum dass der kleine Menschensprössling begonnen hat, eine Bindung an seine Mutter aufzubauen, wird er plötzlich entwurzelt, zur Hydrokultur verurteilt und zu Pflegemüttern, in Kinderkrippen und zu verschiedensten Babysittern weitergereicht. Genau dort müssen wir aber suchen, wenn wir die eigentlichen Wurzeln für die späteren asozialen Verhaltensweisen und für die unsicheren Vorstädte finden wollen. Dies können Psychotherapeuten bezeugen, die täglich mit unter solchen Bedingungen erzogenen jungen Erwachsenen zu tun haben. Aber wie beim chinesischen Bambus trägt die Zeit, die man in die Betreuung und Ausbildung der ganz Kleinen investiert, nicht sofort Früchte: Erst zehn, fünfzehn oder zwanzig Jahre später sehen wir die Unterschiede zwischen jungen Menschen, die von einer guten Verwurzelung profitieren konnten, und den Übrigen. Wegen dieser zeitversetzten Wirkung bezweifeln manche Leute, dass es einen Zusammenhang zwischen der Qualität der ersten Lebensjahre und den späteren Geschehnissen gibt. Dennoch existiert heute ausreichend Datenmaterial, um uns von der Wichtigkeit dieses Verwurzelungsfaktors bei der Entwicklung der »menschlichen Bambusschösslinge« zu überzeugen!

Wenn uns das Prinzip des chinesischen Bambus hingegen bekannt ist und wir bewusst mit ihm arbeiten, kann das ebenfalls von großem Interesse sein. Vor der Geburt verbringt ein Baby neun Monate in der Dunkelheit des Bauches seiner Mutter. Vor dem Keimen verbringt jedes Saatkorn eine mehr oder minder lange Zeit unter der Erde, im Finstern. Und in der biblischen Schöpfungsgeschichte beginnt jeder Tag mit der Nacht: »Da ward aus Abend und Morgen der ...-te Tag«, kann man für jede Etappe der Schöpfung lesen. Analog dazu brauchen die meisten unserer Unternehmungen und Pläne eine mehr oder weniger lange Phase des Reifens im Dunkeln, ehe wir sie bei hellem Tageslicht präsentieren können. Tun wir es zu früh, werden sie schon im Keim erstickt. So sehr das Licht auch alle Dinge nährt und stärkt, die in der sichtbaren Welt leben, so sehr kann es embryonale Lebensformen zerstören und töten, denn diese müssen erst noch im verborgenen Raum des Erdreichs, einer Gebärmutter oder unserer Phantasie heranwachsen und kräftiger werden. Wie ein Silberschichtfilm, den man aus dem Fotoapparat nimmt und erst einmal in mehrere Bäder tauchen muss, ehe man ihn gefahrlos dem Licht aussetzen kann, müssen auch unsere Projekte gut »durchtränkt«, gekräftigt, verdichtet und von unseren Gefühlen genährt sein, ehe wir sie Dritten mitteilen und ans Tageslicht bringen.

Indem der chinesische Bambus seine Kraft aus den mächtigen Wurzeln zieht, vermag er seinen spektakulären Spross schnell vor dem Abgefressenwerden zu schützen. Andere Pflanzen hingegen, die ihre kräftigen, aber auch empfindlichen kleinen Stiele zu früh aus dem Boden schieben, können gleich zum Appetithäppchen eines Pflanzenfressers werden oder Insekten und Parasiten zum Opfer fallen. Im Bambusgleichnis entdecken wir also auch den Wert der stillen Vorbereitung und des Geheimnisses. Es ist nicht das schmachvolle Geheimnis, das wir um jeden Preis zu verbergen haben, und auch nicht das ungesunde Geheimnis irgendeines kriminellen Vorhabens, sondern das Geheimnis der Schöpfung.

Was für ein reiches Gleichnis die Geschichte vom chinesischen Bambus doch ist! Man muss langsam und im Geheimen zu wirken wissen, damit die Dinge schließlich rasch und stark im Tageslicht heranwachsen. Man muss lernen, hinter der scheinbaren Ruhe eine stille und unterirdische Entwicklung auszumachen, ob sie nun positiv oder negativ sei. Aus der Zeit müssen wir unseren bewussten Verbündeten machen statt unseren unbewussten Feind. Mit dem Bambus setzen wir einen Fuß ins Unsichtbare, Subtile. Wir entfliehen ein wenig der Gefangenschaft des offen Sichtbaren, um die Quellen des Möglichen zu erforschen. Von den augenfälligen Wirkungen steigen wir zu den verborgenen Ursachen hinab.

Wie der Bambus, wie überhaupt alle Pflanzen ist der Mensch ein Durchsieber: Aus der Beobachtung konkreter Fakten leitet er Schlussfolgerungen und Gesetze ab; er sondert das Feinstoffliche aus dem Groben ab, wie der Baum seine süße Frucht aus dem rohen Saft der

Wurzeln erschafft. Ausgehend von Ideen und Eingebungen setzt er seine Pläne in die Wirklichkeit um, er haucht seinen Träumen Leben ein und lässt die Erzeugnisse seines Geistes Gestalt annehmen ... ganz wie sich die Frucht vom Baum löst, damit ihre Samenkörner neue Bäume hervorbringen. Wenn wir uns die symbolische Sprache der Natur aneignen, werden wir immer aufs Neue feststellen, dass überall dieselben Prinzipien wirken.

3 Das Wachs und das heiße Wasser: Von der Macht des ersten Eindrucks

Stellen Sie sich ein Gefäß vor, das eine dicke Schicht aus kaltem, ausgehärtetem Wachs enthält, dessen Oberfläche völlig flach und glatt ist. Nun nimmt man einen Krug heißes Wasser und gießt ein wenig davon über das Wachs. Das Wasser kann auf dieser unberührten, relieflosen Oberfläche nach Belieben in alle Richtungen fließen. Da es aber heiß ist, wird es das Wachs dort, wo es auftrifft, zum Schmelzen bringen. Es hinterlässt dort einen Abdruck von sehr geringer Tiefe, ein bisschen wie die Spur, die ein Skiläufer durch Pulverschnee zieht. Von jetzt ab weist das Wachs eine leichte Höhlung auf; das heiße Wasser hat in ihm eine Bahn gezogen, die einem Flussbett ähnlich sieht. Was wird wohl geschehen, wenn Sie erneut ein wenig heißes Wasser in jenes Gefäß gießen? Weniger frei als beim ersten Mal, wird das Wasser, egal wo es zunächst auftrifft, unweigerlich der früheren Spur folgen, die seine Ausbreitung bestimmt und sich dabei noch ein wenig

vertieft. Je mehr Wasser Sie nun dazugeben, desto stär-
ker wird es die immer gleiche Spur aushöhlen; es bleibt
ihm jetzt kaum noch die Wahl, einen anderen Weg
einzuschlagen als den bereits vorgezeichneten.

Was sagt uns dieses Gleichnis? Es zeigt, dass ein erster
Eindruck (und zwar in jeder Bedeutung dieses Wortes)
immer eine Spur zurücklässt und dass diese alle folgenden Eindrücke beeinflussen wird. Bilden sich nicht
eben auf diese Weise Rinnsale, Bäche, Flüsse und auch
Cañons? Die Oberfläche der Erde war nicht immer von
der Gestalt, wie wir sie heute kennen. Das Wasser der
ersten Regenfälle, die vor Millionen Jahren auf bestimmte Regionen niedergegangen sind, floss entlang
der schon bestehenden Reliefs ab – Berge, Täler, verschiedene Felsen –, und sein Vorüberströmen oder
seine Ansammlung an gewissen Stellen zeichnete die
ersten Muster für die zukünftigen Flüsse und Wasserflä-
chen, die mit der Zeit schärfere Konturen und eine größere Tiefe annahmen.

Sind solche Prägungen, wenn sie erst einmal existieren, überhaupt noch zu ändern? Ja, denn wir sind
durchaus so weit gelangt, dass wir den Verlauf von Bä-
chen, Flüssen und sogar richtigen Strömen ändern können – ohne dass wir damit stets gut beraten wären ...
Doch je tiefer sich die Spur eingeschnitten hat, desto
mächtiger wird die Wasserführung des Flusses, und
desto beträchtlichere Mittel müssen wir aufwenden, um
seinen Lauf zu verändern. Dies können wir als Erstes
konstatieren. Außerdem ist es eine Sache, einen Wasser-
lauf ins neue Bett umzuleiten; eine ganz andere ist es,

die Spur seines früheren Verlaufs auszulöschen. Selbst wenn das Wasser künftig einen anderen Weg nimmt, den wir ihm aufgezwungen haben, kann die Spur des alten Flussbettes, mag es auch ausgetrocknet sein, noch sehr lange erhalten bleiben. Und immer bleibt das Risiko bestehen, dass unter unvorhergesehenen Umständen sich von Neuem tosende Fluten in jenes alte Flussbett ergießen.

Das Grundprinzip des Gleichnisses vom Wachs und dem heißen Wasser kann man in den verschiedensten Ausprägungen wiederfinden. Beobachten Sie zum Beispiel einmal, wie der erste Eindruck, den jemand auf uns macht, in uns ein Klischee eingräbt, das alle späteren Begegnungen beeinflusst und das wir nur schwer wieder auslöschen können, falls dieser Eindruck trügerisch war. Die Briten und Amerikaner sagen, dass man nur eine Chance hat, einen guten ersten Eindruck zu machen. Das mag ein Gemeinplatz sein, aber es unterstreicht ganz zu Recht die häufig unterschätzte Tragweite eines jeden »Erstauftrittes«. Ein schlechter Eindruck lässt sich nämlich niemals völlig fortwischen; selbst wenn wir dem schlechten Start zum Trotz in der Folgezeit eine exzellente Beziehung entwickeln, können ein Zwischenfall oder eine Ungeschicklichkeit noch Jahre später jene früheste Prägung plötzlich neu hervortreten lassen und uns sogar dazu verleiten, alle zwischenzeitlich erlebten positiven Dinge infrage zu stellen. Natürlich ist es hier nicht meine Absicht, dem Fatalismus das Wort zu reden. Vielmehr geht es mir darum – und das ist ein Grundthema dieses Buches –, das Bewusstsein für solche Phänomene zu schärfen. Die Kenntnis dieses Prinzips kann uns nämlich dazu anre-

gen, wachsamer zu sein und bewusster auf jeden Anfang zu achten, auf jede »Premiere«, jede erste Berüh-
rung mit einer neuen Situation.

So weiß beispielsweise jeder erfahrene Musiker, dass
die erste Entschlüsselung einer Partitur von entschei-
dender Bedeutung ist und daher ganz langsam vorgenommen werden muss. Er hat darauf zu achten, bei
dieser Erstlektüre keinen Fehler zu begehen. Wenn der
erste Durchlauf korrekt ist, werden die späteren wie von
selbst dazu neigen, ebenfalls korrekt zu sein. Umgekehrt werden eine falsch gespielte Note oder ein
schlecht gewählter Griff hinterher ebenso die Tendenz
haben, dem Musiker automatisch unter die Finger zu
gleiten, sobald seine Aufmerksamkeit nur ein wenig er-
lahmt. Die Hände des Musikers sind das Wachs, in welches der Strom der Melodie seine Spur eingräbt, sodass
das kinästhetische Gedächtnis, das Gedächtnis des Körpers, hinterher die Finger veranlasst wird, ihren Weg
über dieselben Noten zu nehmen wie beim ersten Mal.
Wenn die Erstlektüre der Partitur schlecht vorgenommen wurde, sind Dutzende, ja vielleicht Hunderte von
Proben notwendig, um die ursprüngliche Prägung zu
verändern. Dies wird die Aufmerksamkeit des Musikers
völlig beanspruchen, während sie doch eher um die In-
terpretation kreisen sollte als um den Fingersatz.

Allgemeiner gesprochen, lässt sich leicht erraten,
welche Bedeutung diesem Bild vom Wachs und dem
heißen Wasser in allen Dingen zukommt, die mit Bildung und mit Lernprozessen zu tun haben, egal ob es
sich um den Sport handelt, um handwerkliche Arbeiten, um Kampfsportarten, Tanzen, Autofahren oder
auch um die Art und Weise, in der ein Kind lernt, wie

man liest, schreibt, seine Schnürsenkel bindet, die tausenderlei alltäglichen Verrichtungen ausführt oder auch einen Computer bedient. Die Montessori-Schulen wenden beispielsweise viel Zeit dafür auf, den ganz Kleinen die Handhabung von zerbrechlichen Gegenständen beizubringen (Gläser, Karaffen, Tassen aus Glas oder Porzellan) und ihnen zu helfen, verschiedene alltägliche Handbewegungen präzise auszuführen, sodass sie hinterher längst nicht so ungeschickt sind wie Kinder, mit denen man sich nicht die dazu nötige Zeit nahm. Die Energie, welche wir aufwenden müssen, um etwas zu korrigieren, das von Beginn an falsch erlernt wurde, ist um vieles höher als jene, die es uns gekostet hätte, ein bisschen aufmerksamer und bewusster zu sein und die Sache gleich beim allerersten Mal richtig zu machen. Wenn wir am Anfang zu schnell vorangehen, verzögern wir damit beträchtlich das Erreichen des gewünschten Resultates. »Fahren Sie langsam, ich habe es eilig«, hat Churchill einmal voller Weisheit zu seinem Chauffeur gesagt.

Mit dem Gleichnis vom Wachs und dem heißen Wasser entdecken wir die Wichtigkeit eines jeden Beginnens. Sagt man etwa, dass jemand »mit dem linken Fuß aufgestanden« sei, will man damit ausdrücken, dass die schlechte Art und Weise, mit der er in den Tag gestartet ist, hinterher auf alle weiteren Aktivitäten abgefärbt hat. So stößt man denn auch in mehreren Religionen auf Vorschriften, die unseren Start in einen neuen Tag betreffen – wir sollen ihn mit einem Gebet beginnen, mit einem positiven Gedanken, einer Lobpreisung, einer konstruktiven Prägung gleich welcher Art. Wir können nicht ständig bewusst auf alles achten: Unweigerlich werden uns am Arbeitsplatz oder zu Hause diverse Aufgaben für mehr oder minder lange Zeit völlig in Anspruch nehmen. Wenn wir aber eine Unternehmung bewusst und positiv beginnen, ziehen wir damit eine Furche vor und geben der ganzen Aktivität eine Richtung, der wir immer noch folgen werden, wenn wir längst in den Modus »automatische Steuerung« übergegangen sind.

Anfänge gibt es im Laufe eines Lebens oder allein schon eines Tages in großer Zahl. Das reicht vom »Guten Morgen«, das wir mit unseren Angehörigen oder Kollegen austauschen, über eine Heirat, die Gründung eines Unternehmens, den Einzug in eine neue Wohnung, die erste Sitzung eines neuen Vereins, die ersten Dokumente (Logos, Texte), in denen sich das Image unserer Firma verkörpert, die von uns verbreiteten Werbematerialien etc. Es sollte uns viel daran gelegen sein, solche Anfänge zu identifizieren und ihnen gesteigerte Aufmerksamkeit zu widmen: Dies ist ein kluges Vorgehen, welches uns später viele Komplikationen erspart. Natürlich liegt darin kein Allheilmittel und auch keine Garantie dafür, dass uns künftig kein Problem begegnen kann. Auf jeden Fall aber holen wir uns damit schon von Anbeginn die größtmöglichen Chancen auf unsere Seite.

So wie die Geschichte vom Wachs und dem heißen Wasser von der Wichtigkeit der ersten Prägungen handelt, ist auch das Gegenteil, nämlich der Schlusspunkt unserer Aktivitäten, von Belang. Wenn es einen Anfang gibt, muss vorher logischerweise etwas zu Ende gegangen sein. So sind Ende und Neubeginn miteinander verknüpft. Welcher Gedanke kommt uns morgens als erster? ... In neun von zehn Fällen der, mit dem wir abends zu Bett gegangen sind. Nicht umsonst empfiehlt man, den Unterrichtsstoff kurz vor dem Einschlafen noch einmal durchzugehen: Das Unbewusste übernimmt es dann, jene letzten Gedanken, die uns beschäftigten, tief in unser Gedächtnis einzugraben, und diese Prägung bestimmt natürlich den Lauf der ersten Gedanken, die am Morgen in uns emporsprudeln werden.

Von der Aufforderung Jesu, sich vor Sonnenuntergang mit dem Bruder zu versöhnen, über das Happy End der meisten Filme, die Höflichkeitsformeln am Schluss auch der unerfreulichsten Briefe oder die häufig anzutreffende Empfehlung, eine Meditation zu beenden, bevor sich Müdigkeit oder Schmerzen einstellen, bis hin zu den Ermahnungen zahlreicher Religionen, in Frieden zu sterben, indem man seinen Mitmenschen vergibt, wimmelt es von Beispielen, mit denen man illustrieren kann, wie wichtig es ist, alle Dinge zu einem guten Ende zu bringen, selbst wenn sie bisweilen schlecht begonnen haben. Denn auch das Ende hinterlässt eine Spur, einen Eindruck. So erinnere ich mich an Filme, deren besonders finstere Schlussszenen mir noch tagelang im Kopf herumspuken. Von einem düsteren Film mit glücklichem Ausgang werden wir vor allem jene letzte Sequenz in Erinnerung behalten, die schnell die finsteren Episoden überdeckt, welche ihr vorangegangen waren. Umgekehrt – denken Sie sich ein wundervolles Konzert, das mit einem falschen Ton des Orchesters ausklingt: Was für ein Eindruck würde in uns zurückbleiben?

Ein gutes Ende bereitet also einen guten Anfang vor. Ein guter Anfang begünstigt einen positiven Verlauf ... und macht ein gutes Ende wahrscheinlicher. Und so geht es immer weiter. Die beiden Augenblicke, an denen wir den größten Einfluss auf die Geschehnisse haben, sind also der Beginn und der Schluss. Es sind die Momente, an denen unsere bewussten Entscheidungen die besten Chancen haben, den Lauf der Dinge zu ändern. Nebenbei erwähnt, wissen Verleger und Autoren das ganz genau: Erstere verwenden beim Umschlag viel Sorgfalt sowohl auf die Vorderseite als auch auf die Rückseite. Letztere achten ganz besonders auf die Einleitung und den Schluss ihres Werkes!

Mehr als beiläufige Anekdote möchte ich schließlich darauf hinweisen, dass sich dieser Zusammenhang von Anfang und Schluss auch auf die Bekleidung anwenden lässt! Die Frisur (oder der Hut) sowie die Schuhe sind nämlich die wichtigsten Elemente, wenn wir (und sei es auch unbewusst) das Erscheinungsbild einer Person beurteilen. Jemand mit ganz gewöhnlichen Kleidern, aber untadeliger Frisur und perfekten Schuhen scheint uns besser angezogen zu sein als ein Mensch mit aufwendiger, teurer Kleidung, der aber schlecht frisiert ist und miserable Schuhe anhat. Machen Sie sich mal den Spaß, das in Ihrer Umgebung nachzuprüfen!

Aus dem Gleichnis vom Wachs und dem heißen Wasser können wir auch schließen, dass viele unserer Handlungen nicht die Folge einer bewussten, mit wachem Verstand getroffenen Entscheidung sind, sondern schlicht und einfach das Resultat unserer Gewohnheiten und unserer Trägheit; wir folgen einfach eingefahrenen

Gleisen, selbst wenn diese schon völlig veraltet sind oder sich sogar als kontraproduktiv erweisen.

Ein Beispiel: Ich tippe dieses Manuskript auf der französischen AZERTY-Tastatur meines Computers. Ebenso wie die Buchstabenanordnung »QWERTZ« der schweizerischen wie auch der meisten englischen, deutschen und italienischen Tastaturen ist sie in der Epoche der frühesten mechanischen Schreibmaschinen entwickelt worden. Zu jener Zeit sollte die Anordnung der Buchstaben vor allem zwei möglichen Komplikationen vorbeugen: Zunächst einmal durften sich zwei Hebel beim Tippen nicht ineinander verkeilen. Wenn man nämlich zu schnell tippte, konnte es vorkommen, dass ein Hebel hochschnellte, ehe der vorige wieder ganz unten war, und dass sie sich auf diese Weise ineinander verfingen. Außerdem wollte man vermeiden, dass eine Taste das Papier durchschlug, weil sie mit einem zu starken Finger bedient wurde. Im kleinen Finger haben wir beispielsweise nicht die gleiche Kraft wie im Zeigefinger. Davon zeugen ja auch die mal helleren, mal dunkleren Buchstaben in Briefen, die auf jenen alten Maschinen getippt wurden.

Aus diesen beiden Gründen verteilte man die Buchstaben so auf der Tastatur, dass der Anschlag so weit wie möglich verzögert und der Gebrauch der beweglichsten und kräftigsten Finger eingeschränkt wurde! Deshalb wurde das im Französischen sehr häufige A unter dem kleinen (weniger geschickten) Finger und eine Reihe höher platziert als die Buchstaben, auf welchen unsere Finger gewöhnlich ruhen. Das viel seltener benutzte Q befindet sich direkt unter jenem Finger. Umgekehrt wurden dem Zeige- und dem Mittelfinger, die geschick-

ter sind, die Buchstaben K, Y, H, G oder auch B zuge-
ordnet – Buchstaben, die im Französischen viel seltener
auftreten.

Heute nun, in der Epoche der Elektronik und der
beim leisesten Anschlag aktivierten Tasten, schreiben
wir immer noch auf Tastaturen, die einmal entwickelt
worden waren, um den Anschlag zu verlangsamen und
die am wenigsten beweglichen Finger arbeiten zu lassen! Man könnte heute mit einer anderen Tastatur sehr
viel schneller tippen, aber alle sind seit mehr als einem
Jahrhundert an diese eingeschliffene Spur gewöhnt, was
dazu führt, dass weiterhin supermoderne Computer
hergestellt werden, die mit prähistorischen Tastaturen
ausgerüstet sind.

In die gleiche Kategorie fällt die angeblich »gute
Tischsitte«, den Salat nicht mit dem Messer zu zer-
schneiden. Jene »gute Sitte« war entstanden, weil die
Messer früher nicht aus rostfreiem Stahl hergestellt
wurden und der Essig im Salat das Metall angriff. Da
wir uns aber nicht immer fragen, welche Daseinsberechtigung überlieferte Verhaltensregeln haben, führt
das Prinzip der im Wachs eingegrabenen Bahn dazu,
Gewohnheiten und Verhaltensweisen einfach weiterzu-
führen, obwohl sie längst gegenstandslos geworden
sind.

»Warum essen Sie eigentlich kein Fleisch?«, fragte
man einen meiner Freunde.

»Und Sie, warum essen Sie eigentlich welches?«, gab
er verschmitzt zur Antwort. Allgemeine Verblüffung!
Der Frager hatte selbst niemals über seine Ernährungsweise nachgedacht. Er reproduzierte aus Gewohnheit einfach jene, die er bei seinen Eltern und in

der Familie kennengelernt hatte. Aber war es für ihn tatsächlich die beste Ernährung? Und war es die schmackhafteste? Kannte er die Vorzüge und Nachteile, die guten Eigenschaften wie die Mängel der verschiedenen Optionen, die uns heutzutage offenstehen? Nein. Er folgte einfach nur der Spur, die im Wachs seiner Familiengeschichte vorgeprägt war.

Wie viele Dinge tun wir auf diese Weise, ohne jemals wirklich über sie nachgedacht zu haben! Nehmen wir unsere Verhaltensweisen im Beruf, unsere emotionalen Reaktionen, unsere Meinungen, Glaubensinhalte – wie viel davon rührt einfach von unserer Erziehung her und wird von uns mechanisch weiterbetrieben, ohne dass wir es jemals bewusst hinterfragt hätten?

Das Wachs ist nicht nur ein Symbol für das Gewohnheitsmäßige, sondern auch für das Unbewusste, für den Körper, die Materie. Das heiße Wasser hingegen steht für das Bewusstsein, die Energie, den Geist. In jedem Anfang ist es der Geist, welcher die Materie zu formen beginnt, es ist das Bewusstsein, das den Gedanken und Gesten eine Richtung vorgibt, es ist der Programmierer, der seine Software entwickelt. Dann übernimmt die Gewohnheit den Staffelstab: Die Spur ist jetzt vorgezeichnet, man braucht ihr bloß noch zu folgen. Umso besser für alle guten Furchen, die guten Gewohnheiten, alle Verhaltensweisen, die wir gern wiederholen möchten. Aber wie steht es mit jenen, die wir uns nie ausgesucht haben, die schon vor uns da waren – in Familie oder Gesellschaft –, mit jenen, die sich, als unsere Aufmerksamkeit erschlafft war, unbemerkt in unserem Alltag breitgemacht haben und die uns jetzt gegen unseren

Willen dirigieren? Ohne dass man es merkt, ist es eines Tages der Körper, der dem Geist diktiert, was er tun darf und was nicht, es ist das Programm, das den Benutzer einschränkt, es sind die mechanischen Verhaltensweisen, die sich an die Stelle der bewussten Entscheidungen setzen.

Nehmen wir nur ein Beispiel aus der Welt der Wirtschaft. Pierre gründet eine Firma. Er verkörpert das heiße Wasser. Er selbst beschließt, was er herstellen und verkaufen will, welche Rechtsform er seiner Firma geben möchte etc. Am Anfang modelliert er das Wachs nach Belieben, um die Firma nach seinen Ideen und seinen Plänen auszurichten. Aber was erlebt man nach ein paar Jahren häufig? Das Wachs ist ausgehärtet: Die Firma hat sich ordentlich etabliert, sie ist größer geworden und inzwischen gut verankert (ein vielsagendes Adjektiv). Und schau nur an, jetzt ist sie es, die Pierre mehr und mehr diktiert, was er tun kann und was nicht. Die Gründungsphase wird abgelöst von Produktion und Verwaltung, die nunmehr Vorrang erlangen. Die Firma hat ein Eigenleben gewonnen. Und falls Pierre Lust darauf bekäme, sie umzugestalten, weiterzuentwickeln, ihr eine neue Richtung zu geben, würde es für ihn schwierig: Sie würde ihm einen heftigen Widerstand entgegensetzen, denn inzwischen ist sie nicht mehr so leicht formbar wie in der Anfangsphase.

Man braucht tatsächlich eine Menge Talent, um ein Unternehmen lebendig und beweglich zu halten. Dabei muss man zwei Extreme vermeiden: einerseits den permanenten Wechsel, bei dem sich weder Beschäftigte noch Kunden mehr zurechtfinden, andererseits Stagnation und Verfestigung, die eine jede Veränderung schwierig, schmerzhaft oder gar unmöglich machen. Wenn man Lehm an der trockenen Luft lässt, erstarrt seine Form; wird er aber zu sehr durchgeknetet und angefeuchtet, nimmt er niemals eine Form an und ist zu nichts nütze. Das Leben ist ein ständig neu herzustellender Gleichgewichtszustand zwischen Körper und Geist, Materie und Energie, unbewussten Automatismen und bewussten Entscheidungen. Wir brauchen beides – das Wachs und das heiße Wasser.

Das Sinnbild dieses Kapitels ermuntert uns also dazu, in unserem Leben genau zu untersuchen, was »Wachs« ist und was »heißes Wasser«, was aus bewussten Entscheidungen hervorgegangen ist, hinter denen wir immer noch stehen, was wir unbewusst aus der familiären, sozialen oder religiösen Vergangenheit geerbt haben und schließlich auch, was wir einst absichtlich eingerichtet haben, heute aber nicht mehr benötigen. Um dies leisten zu können, müssen wir auf die Dinge, die wir jeden Tag vor Augen haben, regelmäßig einen unverbrauchten Blick richten. Nichts für unumstößlich halten. Immer noch in Staunen geraten, uns selbst befragen. Neugierig bleiben. Das Selbstverständliche noch einmal anzweifeln. »Wehe dem Menschen, der nicht wenigstens einmal in seinem Leben alles infrage gestellt hat«, lautet mein Lieblingszitat von Pascal. ALLES infrage stellen und nicht bloß ein, zwei Dinge wie etwa den elterlichen Rat (wenn man ein Teenager ist), die Ansichten unseres Chefs oder der gegnerischen Partei. Alles: unsere Ideen und Überzeugungen, unser Wissen und unsere Gewohnheiten. Kein Wachsblock, keine Model soll uns mehr beeinflussen, ehe wir uns nicht über ihren Ur-

sprung, ihren Wert, ihren Nutzen und ihre Stichhaltig-
keit klar geworden sind.

Aber aufgepasst: Es geht hier nicht um Veränderung
als Selbstzweck, auch muss nicht alles grundlos umge-
wälzt werden. Viele unserer Gewohnheiten haben ihre
Daseinsberechtigung; viele unserer Verhaltensweisen
sind wohlbegründet und angemessen. In diesem Fall
würde das Infragestellen dazu führen, sie wirklich anzunehmen, uns bewusst für sie zu entscheiden, statt sie als
bloße Reflexe, äußerliche Gewohnheiten zu übernehmen. Wir sind nicht frei, wenn wir die Kräfte und Kon-
ditionierungen nicht kennen, die auf uns eingewirkt haben und noch immer das beeinflussen, was wir für
unsere »freie Wahl« halten. »Man kann nicht frei und
zugleich unwissend sein«, bemerkte völlig zu Recht der
amerikanische Präsident Thomas Jefferson. Freiheit ist
kein Besitztum, sie wird uns nicht einfach gegeben, sie
muss erobert werden. Die Freiheit ist, symbolisch gesprochen, nicht nur der freiwillige Spaziergang in den
vorgezogenen Furchen, sondern auch die Möglichkeit,
sich eine eigene Spur zu ziehen.

Im Übrigen können wir feststellen, dass wir die
meisten großen Erfindungen Menschen verdanken, die
in der Lage waren, sich von Dingen in Staunen verset-
zen zu lassen, die alle übrigen Leute für ganz normal
hielten oder gar nicht (beziehungsweise nicht mehr) sa-
hen. Haben Sie, wenn Sie von einer Wanderung über
die Felder zurückkehrten, nicht auch schon einmal jene
grünen oder braunen Kügelchen abgeklaubt, die sich so
gern an den Socken festhaken? Hinterher haben Sie gewiss keinen Gedanken mehr daran verschwendet. Der
Mann aber, der sich die Zeit nahm, einmal gründlich

darüber nachzudenken und sich zu fragen, weshalb diese Kügelchen so fest anhaften, ist zum Erfinder der Klettverschlüsse geworden und hat damit ein Vermögen gemacht.

Das Gefährliche am Wachs-Prinzip sind die Fallstricke der Gewohnheiten, der »automatischen Steuerung«. Um uns dagegen zu wappnen, sollten wir hin und wieder einige unserer Gewohnheiten bewusst verändern. Wählen wir doch einmal eine andere Fahrstrecke! Kaufen wir eine Zeitschrift, die wir noch nie gelesen haben. Tauchen wir in die Glaubensinhalte eines anderen Volkes, einer anderen Religion ein. Probieren wir die Küche eines anderen Landes oder eine andere Ernährungsweise. Wir müssen heraustreten aus der eingefahrenen Wagenspur, aus den im Wachs tief eingeschliffenen Wegen. Gießen wir das heiße Wasser über das Wachs und höhlen wir neue Rinnsale aus!

Aber vielleicht gehören Sie zu den (selteneren) Menschen, die sich eher in den Fallstricken des umgekehrten Extrems verfangen, also sinnbildlich immerzu heißes Wasser ausgießen. In diese Schlinge geraten manche Kreative, Künstler oder Erfinder, all jene, die lieber unaufhörlich Neues schaffen, als etwas zu vertiefen, denen es nicht gelingt, den Dingen einen dauerhaften Stempel aufzudrücken, die immerzu darauf aus sind, Neues zu erkunden. In diesem Fall sollten Sie sich zu einer festen Form zwingen, mit der Sie sich neue Dimensionen von Freiheit und Schöpfertum eröffnen können. Das Praktizieren einer regelmäßigen Disziplin – Kampfsportarten, Yoga- oder Meditationsübungen, Musizieren im Ensemble, Theater oder Tanz – kann durch die Zwänge, die es Ihnen auferlegt, Ihr Bewusstsein befreien, ganz wie bei einem Musiker, der unablässig dieselben Stücke spielt, aber der festen Form der Partitur jedes Mal einen neuen Atem einzuhauchen weiß. Wir langweilen uns nur, wenn wir es nicht verstehen, Gewohnheiten und Handlungswiederholungen durch unsere bewussten und dynamischen Gedanken zu beleben; aber wie oft lassen wir es im Gegenteil zu, dass jene Handlung durch ihre Monotonie unseren Geist einschläfert!

Mal müssen wir uns um die Substanz kümmern, mal um die Form, hier um den Geist und dort um die Materie, wir müssen hin- und herwechseln zwischen Schöpfung und Reproduktion, Bewusstheit und Automatismus. So wird uns alles und jedes zu einer Gelegenheit für Erlernen und Integration, Wachstum und Vollendung. Und wenn Sie es geschafft haben, in der Gesellschaft eine deutliche Prägung zu hinterlassen, wer weiß, ob Sie dann nicht eines Tages bei Madame Tussaud enden – als Wachsfigur!

4 Der Schmetterling und sein Kokon: Von der Hilfe, die uns schwächt, und den Schicksalsprüfungen, die stark machen

Wenn sich die Raupe verpuppt hat und ihre Entwicklung zum Schmetterling damit beinahe vollendet ist, muss sie noch eine Prüfung bestehen, ehe sie sich wirklich in die Lüfte erheben kann. Sie muss es schaffen, das Gespinst zu zerreißen, in welchem sich ihre Verwandlung vollzogen hat, um sich aus ihm zu befreien und fortzufliegen.

Während die Raupe ihren Kokon ganz allmählich und schrittweise gesponnen hat, kann sich der künftige Schmetterling nicht auf die gleiche Weise aus ihm befreien. Stattdessen muss er in seinen Flügeln genügend Kräfte sammeln, um den seidenen Kerker auf einen Schlag zu sprengen.

Und gerade durch diese letzte Herausforderung und die Kraft, die der Schmetterling dafür in seinen jungen Flügeln speichern muss, entwickelt das Insekt die Muskeln, welche es hinterher zum Fliegen benötigt.

Wer das nicht weiß und meint, einem Schmetterling

bei der Geburt zu »helfen«, indem er den Kokon an sei-
ner Stelle zerreißt, wird einen völlig flugunfähigen Fal-
ter ans Tageslicht bringen. Der Schmetterling hat den
Widerstand seines seidenen Gefängnisses nicht dazu
nutzen können, die Kraft aufzubauen, die er gebraucht
hätte, um sich aus der Verhüllung herauszuschieben
und sich dann in den Himmel aufzuschwingen. Eine
unerbetene Hilfeleistung kann sich also als schädlich,
wenn nicht gar als tödlich erweisen.

Hier haben wir eine gehaltvolle Parabel vor uns, die sich
auf viele Situationen anwenden lässt. Was können wir
darin entdecken? Zum Beispiel, dass Herausforderungen im Leben unverzichtbar sind. Durch sie entwickeln
wir Kräfte, die nötig sind, um im Leben voranzukom-
men. Wer jedoch versucht, jemandem diese Herausforderung abzunehmen, indem er das Hindernis fort-
räumt, wird das Problem nicht wirklich aus der Welt
schaffen, sondern bloß noch verschärfen. Solch eine Lösung wäre nur eine scheinbare.

Wenn wir dies lesen, kommt uns die Grundidee jenes Gleichnisses vielleicht wie ein Gemeinplatz vor.
Aber schauen wir uns doch einmal um und betrachten
wir einige Beispiele.

In seinem bemerkenswerten Buch *Warum sie so arm*
sind, das mehr als achtzig synoptische Tafeln enthält,
weist der ehemalige Schweizer Nationalrat Rudolf
Strahm nach, wie ein Jahrzehnt Entwicklungshilfe, bei
der Milliarden Dollar ausgegeben wurden, weltweit dazu
führte, dass die Empfängerländer noch ärmer, noch abhängiger und verschuldeter dastanden als vorher. Natür-

lich gibt es dafür zahlreiche Erklärungen: die Korruptheit eines Teils der Regierungen jener Länder, die exorbitanten Kosten der Schuldentilgung, die schlechte Verwendung der Hilfsmittel oder auch die manchmal zweideutigen Beweggründe der Geldgeber. Aber jenseits all dieser Faktoren sind es doch vor allem die Art der geleisteten Hilfe (im Allgemeinen materielle und finanzielle Unterstützung) und die Weise, wie sie organisiert wurde (indem man Abhängigkeitsverhältnisse schuf), die man infrage stellen muss, was mehrere humanitäre Organisationen im Übrigen auch tun.

Im Lichte des Gleichnisses vom Schmetterling lässt sich erraten, dass manche Abhilfe nur von innen heraus kommen kann. Sobald wir jemandem das bringen, woran es ihm mangelt (oder was in ihm einfach noch nicht gekeimt ist), statt ihm zu helfen, es mit seinen eigenen Mitteln zu erreichen, werden wir ihn abhängig machen und seine Schwäche nur vergrößern. Selbstverständlich gibt es auch Notsituationen, die unverzüglich eine materielle, finanzielle oder ernährungstechnische Hilfe von außen erfordern. Dies steht völlig außer Frage. Aber von solchen Fällen abgesehen, muss sich eine wirklich uneigennützige Hilfe – eine Hilfe, bei der man nicht einfach Überschüsse abstoßen oder eine fremde Volkswirtschaft unter Kontrolle halten will – darauf richten, beim anderen die Fähigkeit zur Selbsthilfe zu fördern.

Ein anderes Beispiel kann dies sehr deutlich von der entgegengesetzten Position aus illustrieren. Solange die amerikanische Regierung einen direkten Krieg gegen die Indianer geführt hat, sind viele dieser Stämme – wenn auch dezimiert und mittellos – stark geblieben;

sie haben von niemandem etwas erwartet und sich nur auf ihre eigenen Ressourcen verlassen. Seit die Regierung hingegen dazu überging, ihnen zu »helfen«, indem sie den bewaffneten Kampf einstellte, den Indianern Ländereien zuwies und ihnen ein Mindestmaß an materieller Unterstützung gewährte, begannen diese Völker zu schwächeln und dahinzusiechen (auch wenn es hier und dort immer Ausnahmen gibt). Ich vereinfache hier absichtlich, um das Grundprinzip unserer Parabel zu veranschaulichen: Wenn man jemandem etwas von außen bringt, beraubt man ihn der Möglichkeit, es in sich selbst zu suchen. Dabei hätte ihn eine solche Anstrengung stärker gemacht und ihm dazu verholfen, seine Grenzen immer aufs Neue zu übersteigen. Das bedeutet nicht, dass wir künftig darauf verzichten sollten, unseren Mitmenschen Beistand zu gewähren – diese Schlussfolgerung wäre ein bisschen simpel –, sondern nur, dass unsere Hilfe den anderen in seinem Bemühen unterstützen soll, die eigenen inneren Ressourcen freizulegen. Wo wir zu Hilfe kommen, dürfen wir jene Anstrengung nicht überflüssig machen, indem wir sie durch Mühelosigkeit und Abhängigkeit ersetzen.

In der Medizin findet man ein weiteres Beispiel für dieses Prinzip. Verschiedene Kinderkrankheiten, angefangen vom einfachen Schnupfen bis hin zum Keuchhusten oder den Masern, sind für den Organismus des Kindes Prüfungen, durch die sich sein Immunsystem entwickelt und stärkt. Wenn diese Krankheiten zu sehr therapiert werden, nehmen wir dem Kind die Möglichkeit, seine eigenen Abwehrkräfte zu stärken und machen es abhängig von äußerer Hilfe (Medikamente, Antibiotika etc.). Etliche Ärzte sind übrigens der Meinung, dass einer der Hauptgründe für die seit mindestens zwanzig Jahren zu verzeichnende Zunahme von Allergien aller Art genau in jener Überversorgung der Kinder mit Medikamenten liegt.

Wollen wir einem Kind, das eine jener Kinderkrankheiten durchmacht, wirklich helfen, so müssen wir ganz im Gegenteil die Krankheit begleiten, wir müssen darauf achten, dass sie keine übertriebenen Ausmaße annimmt, und dem Immunsystem des Kindes genügend Zeit geben, selbst damit fertig zu werden und gestärkt daraus hervorzugehen. Ausreichend Zeit geben – darin liegt der Schlüssel zum Ganzen! Wollen die Eltern eine Krankheit auf der Stelle stoppen, damit ihr Kind nicht die Schule versäumt und sie sich nicht am Arbeitsplatz krankmelden müssen, werden sie zu Mitteln greifen, die kurzfristig sicher wirkungsvoll sind, späteren Komplikationen jedoch den Weg bereiten, denn der Organismus des Kindes bleibt schwach und empfindlich.

Dasselbe gilt für das Fieber. Fieber wird allzu oft als Feind betrachtet, während es doch das Mittel ist, mit dem sich der Körper der Krankheitskeime entledigt. So sagt denn auch André Lwoff, der Nobelpreisträger vom Institut Pasteur: »Fieber ist das beste Heilmittel. Jenseits einer Temperatur von 39,5 Grad werden die meisten Viren blockiert oder zerstört.« Und André Passebecq, einer der Väter der Naturtherapie in Frankreich, fügt hinzu, dass bei einem Kind, dessen Hypothalamus nicht durch Gifte wie Medikamente oder Impfstoffe beeinträchtigt ist, ein Anstieg der Körpertemperatur in dem Maße ungefährlich bleibt, wie seine Immunabwehr gut ausgebaut ist. Auf diese Weise kann der Körper seine

Widersacher schnell und intensiv bekämpfen. Passebecq unterstreicht, dass »unbehandeltes Fieber rasch zur Wiederherstellung der Gesundheit führt, ohne Rückfallrisiko oder Komplikationen«.

Will man das Kind vom Fieber »befreien« wie den Schmetterling von seinem Kokon, so macht man es in Wahrheit noch abhängiger von ärztlichem Beistand, und das schon bei den geringsten Krankheitsanzeichen.

Zwei weitere Bereiche, in denen wir Gutes zu tun glauben, wenn wir »Kokons zerreißen«, sind die Erziehung (in der Familie) und die Bildung (in der Schule). Wie es so oft der Fall ist: In weniger als einem halben Jahrhundert ist das Pendel hier völlig in die andere Richtung ausgeschlagen. Früher hatte ein Kind weder in der Familie noch in der Schule mitzureden. Man machte sich nicht groß die Mühe, ihm aufmerksam zuzuhören. Eltern und Lehrkräfte stellten sich weniger Fragen, und es war Sache des Kindes, sich zu fügen, sich anzupassen, sich zu entwickeln ... oder andernfalls die Folgen zu tragen.

Jede Übertreibung ruft das andere Extrem herbei, und so haben die Erkenntnisse der Psychologie und Psychoanalyse die nächste Elterngeneration dazu gebracht, schon das Baby als eine Persönlichkeit anzusehen, die Bedürfnisse des Kindes zu berücksichtigen, ihm mehr Aufmerksamkeit zu widmen – und zwar als einem Subjekt und nicht einem bloßen Gegenstand erzieherischer oder pädagogischer Bemühungen. Gleichzeitig wurde jede Form von Zwang, von Autorität oder Anspruch in ein schlechtes Licht gerückt. Während man dem Kind früher nicht zuhörte, fand es nunmehr zu viel Gehör, und so entstand jene Generation von »auf den Thron gehobenen Kindern«, die ihre Eltern und Lehrer tyrannisieren. Seines familiären und sozialen Kokons beraubt, sucht das Kind in der Gesellschaft und beim Staat nach neuen Eltern und einem Ersatzrahmen. Gegen diese Strukturen wird es dann auch als Teenager/Schmetterlingspuppe ungeschickt revoltieren – eine Auflehnung, die sich endlos hinzieht, weil sie nicht unter normalen Bedingungen und in einem angemessenen Rahmen ablaufen konnte.

Nie zuvor wurde für Kinder so viel ausgegeben, nie zuvor erfuhren sie so viel Beachtung und erhielten so viele Chancen, niemals wurde ihnen so sehr »geholfen« wie heute. Das Ergebnis fällt jedoch – ganz gemäß unserem Schmetterlingsgleichnis – anders aus als erhofft. Ohne den Teufel an die Wand malen zu wollen (seit den ältesten Überlieferungen hat bisher noch jede Epoche ihren Jugendlichen alle möglichen Makel angekreidet), muss man doch feststellen, dass die Analphabetenrate hoch bleibt, dass Rechtschreibfertigkeiten und Handschrift sich rapide verschlechtert haben, dass das Ziel der französischen Bildungspolitik, achtzig Prozent aller Schüler zum Abitur führen zu wollen, mit einer trügerischen Absenkung der Anforderungen einhergegangen ist, dass die Straffälligkeit unter Jugendlichen ansteigt und die moralische Stärke verkümmert (solche Wörter wie »Tugend«, »Würde« oder »Ehre« verschwinden ja schon aus unserem Vokabular) – mit einem Wort, dass der innere Drang, durch den wir größer werden und uns entwickeln, sich unaufhörlich abschwächt, weil er durch all die Bequemlichkeiten der Außenwelt eingelullt wird. Erblicken wir, nebenbei bemerkt, nicht einen

Widerschein davon in jener Mode der heutigen Jugend, viel zu weit geschnittene Sachen zu tragen? ... Solche Kleidungsstücke, die ihr Körper gar nicht ausfüllen kann, sind das Spiegelbild der Funktionen und Rollen, die auf die jungen Leute warten. Diese haben jedoch nicht die nötige innere Stärke, sie auszufüllen oder anzunehmen – ganz wie ein Ballon, der schlaff liegen bleibt, weil der nötige Druck fehlt, um ihn aufzublasen.

Wenn ich dies sage, will ich mich nicht zum Fürsprecher einer Rückkehr in die Steinzeit machen oder zum technologischen Fortschrittsverweigerer. Es geht mir einfach darum, dass der innere Gehalt Vorrang vor der Form haben und ihr vorausgehen muss. Der Körper muss früher wachsen als die Kleidung, das Innere muss sich entfalten, bevor äußere Hilfsmittel in Anspruch genommen werden. »Inside-out«, sagen die Amerikaner: Die Dinge müssen im Innern ihren Anfang nehmen und sich dann nach außen kehren und die ihnen entsprechende Form finden.

Dies hatte der etwa sechzigjährige Mann aus dem südlichen Indien begriffen, dem ich vor zehn Jahren in Frankreich begegnete. Er wollte hier über die Vermarktung von ätherischen Ölen verhandeln, die von seiner Firma hergestellt wurden. Dieser Mann hatte als Siebenjähriger die dramatische Teilung des britischen Kolonialreiches in die Staaten Indien und Pakistan miterlebt. Mit seinen Eltern hatte er Hunderte von Kilometern zu Fuß laufen müssen, und dabei hatten sie nur das Notwendigste mitnehmen können. Er und seine Familie waren nämlich Hindu, und so hatten sie aus jener Region, die gerade zum Staat Pakistan wurde, fliehen müssen. Mit sieben begann er zu arbeiten. Dank seiner Willenskraft und Beharrlichkeit schaffte er es, eines Tages sein eigenes Unternehmen auf die Beine zu stellen und gewinnbringend zu führen. Dennoch gestand er mir, dass sein ganzes Vermögen nach seinem Tode an karitative Einrichtungen gehen werde und er seinen Kindern nichts hinterlassen wolle. Ich war ziemlich erstaunt. »Wenn sie dieselben Fähigkeiten haben wie ich«, erklärte er mir, »dann brauchen sie mein Geld nicht; sie werden sich dann mit ihren eigenen Mitteln ein Vermögen aufbauen. Haben sie diese Fähigkeiten jedoch nicht, könnte ihnen mein Reichtum nur schaden, denn sie würden es ja nicht verstehen, ihn sinnvoll zu verwenden.« Mit anderen Worten: Er überließ es seinen Kindern, sich selbst maßgeschneiderte Kleider anzufertigen, statt ihnen seine Kleider, die ja vielleicht viel zu groß waren, einfach zu vererben. Zwar verstehe ich diese Geschichte nicht als ein Verhaltensmuster, dem man wortwörtlich folgen sollte, aber im Ergebnis deckt sie sich mit der Parabel vom Schmetterling. Sie gibt den inneren Qualitäten den Vorrang (Kraft, Mut, Intelligenz, Führungsstärke, Liebe, Findigkeit, Unternehmungsgeist etc.) und sieht in den materiellen Mitteln und Errungenschaften nur die Gestaltwerdung oder das äußere Spiegelbild jener inneren Vorzüge.

Die Geschichte jenes Hindu erinnert übrigens auch an Kindermärchen, in denen der König seinen Sohn einem Bauernehepaar anvertraut, das auf seinen Ländereien lebt. Er soll erzogen werden, ohne von seiner königlichen Herkunft zu wissen, er soll das Ackerland, die Tiere und die Menschen kennenlernen, selbst für seine Bedürfnisse aufkommen können und so in seinem Innern die guten Eigenschaften und die Kenntnisse entwickeln, welche aus ihm später einen König machen werden, der seiner Aufgabe und seines Ranges würdig ist.

Man erschafft keinen Schmetterling, indem man einer Raupe Flügel anklebt, und auch keinen König, indem man eine Krone auf den Kopf eines Kindes setzt; auch bringt man keinen Mann hervor, indem man einen kleinen Jungen in Erwachsenenkleider steckt. Man kann dem anderen nichts geben, was nicht das Ergebnis einer inneren und rein persönlichen Veränderung ist. Sehr wohl können wir hingegen jenen inneren Reifeprozess fördern, genau wie man ein Samenkorn angießt, damit es keimt.

Die Parabel vom Schmetterling regt auch zu Fragen über das Leiden an. Wollen wir seinen Kokon nicht gerade deshalb zerreißen, weil wir das Leiden des Falters abkürzen und ihn befreien möchten? Allgemeiner gesprochen: Zielt die Hilfe, die wir anderen gewähren wollen, nicht oftmals darauf ab, ihnen Leiden zu ersparen, ihnen die Dinge einfacher zu gestalten? Aber muss ein jedes Leiden unbedingt negativ sein? ... Wo liegt die Grenze zwischen den Schmerzen der Anstrengung, wie sie etwa im Sport hingenommen und sogar gesucht werden, und einem Leiden, das wir für unannehmbar halten? Auf diese Frage gibt es selbstverständlich keine immergültige Antwort.

Sicher ist auf jeden Fall, dass die Option »null Leiden« weder realistisch noch wünschenswert ist. Mit Schmerz und Leiden ist es wie mit allen Dingen: Es gibt gute und schlechte unter ihnen, notwendige und unnütze, unverzichtbare und inakzeptable. Was die einen von den anderen unterscheidbar macht, ist die Frage, ob sie in den Augen des Leidenden einen Sinn in sich bergen oder ob wir ihnen einen zu geben vermögen. »Hat man sein *Warum* des Lebens«, schrieb Nietzsche, »so verträgt man sich fast mit jedem *Wie*«

Die Schmerzen des werdenden Schmetterlings haben einen Sinn, denn sie erwachsen aus der Anstrengung, die ihm einmal das Fliegen erlauben wird: Sie sind der Preis seiner Befreiung, und das macht sie nicht nur nützlich, sondern geradezu unerlässlich. Auch mit den Schmerzen einer Entbindenden verhält es sich so, begleiten sie doch das Spenden von Leben, genau wie die Geburtsschmerzen des Babys bereits an der Ausbildung seiner Standhaftigkeit in Bewährungssituationen beteiligt sind, was Stan Grof mit seinen Arbeiten über die perinatalen Matrizen gezeigt hat. Dies bedeutet nicht, dass man auf alle schmerzdämpfenden Mittel verzichten soll, aber genauso wie ein unerträglicher Schmerz die Mutter traumatisieren kann, kann das Fehlen jeder Empfindung der Frau den Eindruck vermitteln, dass man ihr die Entbindung »weggenommen« hat. Hierher gehören auch die Leiden des Sportlers, der seine Grenzen überwindet und neue Rekorde aufstellt. Und ein extremes Beispiel ist Jesus Christus, der so weit ging, seinem Martyrium am Kreuz und seinem Tod einen Sinn zu verleihen.

Leidet man hingegen schrecklich unter dem Bohrer des Zahnarztes, obwohl es Betäubungsspritzen gibt, wäre es sinnlos, sie nicht zu verwenden. Und wenn man über Jahre hinweg von den psychischen Nachwirkungen eines Traumas oder in der Kindheit erlittener Misshandlungen gequält wird, obwohl man sich inzwischen dank verschiedener Therapien davon hätte freimachen können, dann ist das auch nicht eben sinnvoll. Ein ganz kleiner Schmerz, dem jeder Sinn abgeht, ist schwieriger zu ertragen als ein tieferer, der aber einen Sinn besitzt.

Viktor E. Frankl war ein Überlebender der faschistischen Konzentrationslager und Autor außergewöhnlicher Bücher. Er schrieb: »*Leben heißt leiden. Überleben heißt, seinem Leiden einen Sinn zu geben.*« Und an anderer Stelle fügte er hinzu: »*Der Mensch sucht weder das Vergnügen noch das Leiden, sondern einen Sinn für sein Leben.*« Sinnloses Vergnügen entwürdigt, sinnloses Leiden zerstört uns. Unsere Ablehnung fast aller Arten von Schmerz (den Sport einmal ausgenommen) und unser beinahe verzweifeltes hedonistisches Streben sind charakteristisch für die gegenwärtige Gesellschaft. Daran zeigt sich, dass der Sinn, den viele dem Leiden zusprechen, heute oft verloren gegangen ist. Schmerz und Leiden sind jetzt nicht mehr der Beweis für unsere Anstrengungen, auf einem bestimmten Gebiet die eigenen Grenzen zu übersteigen, sie werden zu einem unnützen, sinnentleerten Störfaktor, den wir durch äußere Mittel ausschalten müssen – durch Maschinen, Medikamente, Drogen.

Insgesamt geht es also weder um »Leiden als Selbstzweck« noch um eine unterschiedslose Verdammung allen Schmerzes, denn mit letzterer Haltung würde man in einen rohen Hedonismus verfallen, der auf lange Sicht ebenso ungesund wäre wie der umgekehrte Exzess. Stattdessen sollten wir das Leiden, das uns größer werden lässt, von dem Leiden zu unterscheiden lernen, das uns zerstört – genauso wie es ein Feuer gibt, das uns erwärmt und die Früchte zum Reifen bringt (jenes der

Sonne), und ein anderes, das alles auf seinem Weg niederbrennt und verkohlen lässt.

Wenn wir anderen Menschen wirklich helfen wollen, müssen wir uns also unweigerlich jene grundlegende Frage nach dem Sinn stellen: Warum leidet der andere? Was gewinnt oder verliert er durch sein Leiden? Wird er, wenn er ein wenig leidet, dadurch stärker, intelligenter, widerstandsfähiger und toleranter oder nicht? Alle Eltern, jeder Lehrer, alle Trainer und Führungspersönlichkeiten werden irgendwann mit der Frage nach dem Leid des anderen und der Art und Weise, es zu verstehen und ihm richtig zu begegnen, konfrontiert.

Die Parabel vom Schmetterling steckt ganz offensichtlich voller Weisheit. Sie unterstreicht den Vorrang des Inneren vor dem Äußeren, des Subtilen, Energetischen oder Spirituellen vor dem Materiellen. Inside-out: Lassen wir unser inneres Potenzial hervortreten, fördern wir das Zutagetreten unserer Ressourcen, statt sie durch äußeres Hinzutun verkümmern zu lassen! Diese Parabel gibt unseren Mühen auf allen Gebieten den Adelstitel zurück und selbst unseren Schmerzen, wenn sie denn nützlich sind, Sinn in sich bergen und Anzeichen für ein Hinauswachsen über uns selbst, eine Entwicklung, darstellen. Sie beschwört eine Pädagogik des Begleitens, des Zutagebringens, und zielt nicht auf falsch verstandene Hilfe, die das, was sie zu retten glaubt, in Wahrheit schwächt oder zerstört. Was für ein Symbol!

5 Das Magnetfeld und die Eisenspäne: Das Sichtbare verändern, indem man aufs Unsichtbare einwirkt

Denken Sie sich einen kleinen klappbaren Campingtisch aus Metall. Unter der Tischplatte hat jemand einen Magneten versteckt. Dann bittet man eine Person, der man ein Gefäß voll schwarzer Eisenspäne gegeben hat, die Oberfläche dieses Tisches zu bestreuen. Überrascht wird sie feststellen, dass sich die winzigen Eisenpartikel nicht wahllos über dem Tisch verteilen, sondern ein geordnetes Muster bilden. Das Magnetfeld richtet nämlich die Eisenspäne so aus, dass sie den Kraftlinien zwischen den beiden Polen folgen.

Wenn die Versuchsperson die Eisenspäne mit der Handkante fortwischt, weil sie mit dem so entstandenen Muster nicht zufrieden ist und die Oberfläche mit, sagen wir, blau eingefärbten Eisenspänen überpudert, werden sich die neuen Eisenpartikel unweigerlich entlang derselben Kraftlinien anordnen – diesmal eben nur in Blau.

Werden die Magnetpole unter dem Tisch hingegen

angenähert oder voneinander entfernt oder werden dort zwei Pole derselben Polarität angebracht, ordnen sich die Eisenspäne anders an und spiegeln damit die Veränderung des Magnetfeldes wider.

Dieses Experiment, das viele Kinder mit großem Erstaunen in der Schule oder bei sich zu Hause durchgeführt haben, ist ein exzellentes Sinnbild für Phänomene, die man auf zahlreichen Gebieten des menschlichen Wirkens beobachten kann. Es lehrt uns nämlich, dass ein sichtbares Ereignis unsichtbaren, aber dennoch zwingenden Einflüssen gehorchen kann. Wenn wir diese verborgenen, unterschwelligen Einflüsse nicht berücksichtigen, werden unsere Bemühungen, den offen sichtbaren Teil des Phänomens zu verändern, fruchtlos bleiben; immer wieder richtet sich alles nach dem »alten Schema«. Wollen wir eine wirkliche Veränderung erzielen, müssen wir also auf die tief liegenden, unsichtbaren Ursachen einwirken.

Das Anwendungsgebiet dieses Gleichnisses ist riesig, so sehr haben wir heutzutage die Gewohnheit angenommen, oberflächliche Lösungen für tief sitzende Probleme anzubieten und nichts zu berücksichtigen als nur den materiellen, fassbaren, messbaren Teil der Phänomene, die wir untersuchen. Sei es in der Medizin, in Landwirtschaft, Bildung oder Politik – wir versuchen Probleme zu lösen, indem wir uns nur mit den Symptomen befassen und dabei die tief reichenden Ursachen vernachlässigen, deren sichtbarer Widerschein sie sind.

Doch zunächst einmal existieren das Magnetfeld und die Eisenspäne in jedem von uns, und hier lohnt es sich wirklich, einmal den Scheinwerfer auf sie zu richten. In unserm Inneren wird das Magnetfeld von der Gesamtheit unserer Glaubensinhalte gebildet, und zwar nicht allein von unseren bewussten Überzeugungen – der Religion, der Philosophie oder der Denkrichtung, welcher wir uns zugehörig fühlen –, sondern insbesondere von allen vorgefassten Meinungen, Werten, Vorurteilen und impliziten Glaubensinhalten, die wir auf dem Weg ins Erwachsenenleben ausgebildet haben, ohne sie zu überprüfen. Dazu gehören auch diejenigen, die wir aus dem Milieu, aus dem wir stammen (Familie, soziales Umfeld, Herkunftsland), übernommen haben. Wir glauben ja nicht bloß an religiöse Dogmen. Wir glauben an unsere Vorstellungen (von der Welt), an das, was unsere Ängste uns zuflüstern, an das, was andere uns über uns selbst und über die Welt gesagt haben. Wir glauben an bestimmte politische Ideen, an ein vorgefasstes Konzept der Medizin, an kulturelle und soziale Werte, an das, was in den Zeitungen steht, an eine Vielzahl von Dingen – und zum größten Teil tun wir das unbewusst.

Unser »Glaubensfeld«, wie man es nennen könnte, übt einen mächtigen und unaufhörlichen Einfluss auf unsere Daseinsweise aus, auf unsere Wahrnehmungen und ebenso auf unsere Art zu denken und zu leben. Die »Freiheit des Denkens«, wie sie von unserer Gesellschaft bis zum Äußersten angehimmelt wird, ist beim gegenwärtigen Stand der Dinge in großem Maße Augenwischerei. Ein solches Trugbild ist kennzeichnend für eine Epoche, die den Intellekt kultisch verehrt und trotz der Erkenntnisse der Psychologie und Psychoanalyse (und vor ihnen der Zeugnisse verschiedener spiritueller Überlieferungen) alle unter- und unbewussten Einflüsse auf unser angeblich so »freies« Denken verkennt. Genau wie der Kopf nicht unabhängig vom Körper leben könnte, denkt auch unser Intellekt nicht unabhängig von dem, was in unserem Herzen vorgeht (affektiver Bereich) und in unserem Körper abläuft – sowohl auf bewusster als auch auf unbewusster Ebene. Anders gesagt, unsere Freiheit des Denkens bleibt in Wahrheit auf unser Glaubensfeld beschränkt. Dieses steckt einen Raum ab, dessen Grenzen so unsichtbar wie unüberwindlich sind und über den sich unser Denken kaum einmal hinauszuschwingen vermag. In *Krieg der Sterne* hat Steven Spielberg jene Beziehung zwischen Glaubensfeld und Freiheit des Denkens wunderbar illustriert: Einige Planeten waren dort von einem magnetischen Schutzschild umgeben, sodass sich die eigenen Raumschiffe nur innerhalb der von ihm gebildeten unsichtbaren Sphäre fortbewegen konnten, es sei denn, jemand deaktivierte den Schutzschild. Genauso wenig konnte jegliches fremde Raumschiff, jeglicher Eindringling, die unsichtbare, aber sehr wohl zu verspürende Grenze von außen her durchdringen. Meiner Ansicht nach ist dies eine schöne Metapher für jene andere Sphäre, in der sich unsere Gedanken bewegen; sie wird von unseren Glaubensinhalten eingegrenzt und ist undurchlässig für Ideen, die außerhalb ihres Einflussbereiches liegen.

Wenn die Dichter sagen, ein Gedanke trage Flügel, so ist unser Glaubensfeld sein Käfig, und unsere Ängste sind die stärksten Gitterstäbe. Es gibt keine wirkliche Freiheit des Denkens ohne eine Freiheit des Glaubens, das heißt ein Bewusstmachen der Überzeugungen, die auf uns wirken. Es geht nicht unbedingt darum, dass wir unseren hergebrachten Glaubensinhalten entsagen müssen, zumindest aber sollten wir den Einfluss, welchen sie auf uns ausüben, erkennen, um nicht im Netz dieser Überzeugungen gefangen zu bleiben. Dafür müssen wir auch der Ängste Herr werden, die den Schutzschild aus Überzeugungen noch metallischer und härter machen – jenen Schild, in dessen Sphäre unsere Gedanken immerzu im Kreise laufen – und die uns daran hindern, neue Territorien zu erkunden.

Wer nicht daran gearbeitet hat, das unsichtbare Netz aus Glaubensinhalten, welches die Erziehung geknüpft hat, zu erkennen, bei dem ist der Gedanke ein Vogel, der mit einer Schnur am Bein festgehalten wird; er kann sich nur in einem eng umschriebenen Raum bewegen. Selbst das brillanteste, trainierteste Gehirn ist vor solchen unsichtbaren Einflüssen nicht gefeit. In Wissenschaft, Politik oder Wirtschaft, überall findet man Beispiele für »große Denker«, geniale Männer und Frauen, deren Arbeiten durch ihr im Unbewussten verbliebenes Glaubensfeld verzerrt, begrenzt oder entstellt worden sind. Die Biografien von Persönlichkeiten wie Darwin, Mendel, Einstein, Freud oder Pasteur lassen daran keinen Zweifel. Wollen wir in unserm Innern eine wahrhafte Veränderung erreichen, so müssen wir demnach auf dieses tief liegende Feld einwirken und nicht nur auf die Oberfläche der Dinge. Man kann die Arbeit wechseln, den Ehemann oder die Ehefrau austauschen, von einem Land in ein anderes übersiedeln, ja sich sogar zu einer anderen Religion bekehren und dabei immer noch das alte Glaubensfeld bewahren. Dieses rekonstruiert in seiner Umgebung rasch eine getreue Kopie der alten Lage, vor der man doch geflohen war oder die man zu verändern hoffte. Ein gemobbter Angestellter wirft seine Arbeit hin und beginnt in einer anderen Firma, wo er auch bald unter Mobbing leidet. Ein gläubiger Mensch flieht die Zwänge seiner Religion und sucht sich eine neue, exotischere, die schließlich aber ebenso voller Zwänge steckt ... In jedem dieser Fälle haben die Eisenspäne bloß ihre Farbe geändert, aber dann prompt wieder die ursprüngliche Anordnung eingenommen. »Je mehr man ändert, desto eher kommt am Ende dasselbe heraus«, pflegt man in Frankreich zu sagen – eine Redensart, die sehr gut zeigt, wie vergeblich alle Veränderungen sind, die nur die Oberfläche betreffen.

Man erkennt hier die Grenzen der rein bewusstseinsmäßigen Arbeit, der bloßen Arbeit an den Gedanken: positives Denken, intellektuelles Begreifen des eigenen Verhaltens, Selbstbehauptungstraining ... Wenn unser Herz von alledem nicht berührt wird, wenn unsere Emotionen keine Berücksichtigung finden, wenn unsere Blockaden nicht gelöst werden, wenn unsere Glaubensinhalte im Unbewussten verharren – dann wird unsere Veränderung oberflächlich bleiben und nicht lange vorhalten. Aus diesem Grunde berücksichtigen immer mehr Psychotherapien sämtliche Dimensionen des menschlichen Wesens – Geist, Intellekt, Gefühlsleben und Körper –, um so eine tief gehende Wandlung im Glaubensfeld auslösen zu können.

Wer sich die Zeit nimmt, diese Tiefenarbeit zu leisten und auf sein eigenes Glaubensfeld einzuwirken, wird erleben, wie sich die Veränderungen an der Oberfläche wie von selbst einstellen, sind sie doch eine na-

türliche Folge von Vorgängen, die sich im tiefsten Innern abgespielt haben. Wenn man sich in der Tiefe
wandelt, verändert man zunächst einmal die Beziehungen, die man zu sich selbst unterhält, später dann die
Beziehungen zu seinen Nächsten, den Eltern, Freunden
und Kollegen. Im Laufe einiger Jahre, bisweilen auch
schneller, spüren die Personen, die eine solche innere
Metamorphose durchlaufen haben, dass ihr gesamtes
Umfeld sich plötzlich ebenfalls ändert: Da gibt es neue
berufliche Aussichten, einen neuen Lebensrahmen,
neue Beziehungen zum Partner (oder einen neuen Partner, je nachdem, welchen Weg man beschritten hat),
ohne dass man all das bewusst beschlossen oder herbei-
gewünscht hätte.

Allgemein gesprochen, zeigt uns das Gleichnis vom
Magnetfeld und den Eisenspänen, dass oberflächliche
Veränderungen ebenso wenig halten wie eine Schicht
Gold, die man auf einen unvorbereiteten Untergrund
aufträgt und die schließlich wieder abfällt. Wenn wir
eine solche Veränderung erzwingen, wenn wir mit Gewalt eine neue Form auf einen Untergrund pressen, der
ihr nicht entspricht, werden wir bestenfalls eine Zeit
lang die Illusion hegen, die Dinge erfolgreich geändert
zu haben – gerade so lange, bis diese umgewandelte
Oberfläche sich abnutzt, verwittert und verschwindet
und der alte unveränderte Untergrund wieder durch-
scheint.

Vor ein paar Jahrzehnten zerfiel in einer *mexikanischen*
Kirche eine alte Jesus-Statue. Dadurch kam unter der
Jesusfigur ein *Inka*gott zum Vorschein. Im Folgenden

hat man dieses Phänomen auch an zahlreichen anderen Kruzifixen jener Epoche entdeckt. Die Bewohner des alten *Mexikos* waren gezwungen worden, eine Religion anzunehmen, die nicht die ihre war, und so versteckten sie ihren wahren Glauben unter den Formen, die man ihnen vorgeschrieben hatte. Sie führten damit buchstäblich vor, dass das Christentum für sie nur eine oberflächliche Tünche war, durch die hindurch sie weiterhin der Religion ihrer Vorfahren huldigten.

Auf ganz ähnliche Weise haben die Versuche in mehreren ehemals totalitär regierten Ländern, der dortigen Bevölkerung die Demokratie überzustülpen, häufig zu sehr durchwachsenen Ergebnissen geführt – und zwar immer dann, wenn das Volk zuvor nicht den inneren Weg zurückgelegt hatte, der dieser Politikform entspricht. Das »demokratische Muster« – die spezifische Geordnetheit der politischen Struktur – kann sich auf Dauer nur in einem Land halten, dessen Denkweise und dessen soziales Funktionieren sich allmählich in Richtung demokratischer Standards entwickelt haben. Die Rückschritte bei der Demokratisierung, wie sie, während ich diese Zeilen schreibe, für Russland charakteristisch sind, und ebenso die beträchtlichen Schwierigkeiten der Vereinigten Staaten, die Demokratie in den Irak zu tragen, sind Musterbeispiele für den ungeschickten Versuch, die politische Struktur eines Landes von der Oberfläche her neu zu organisieren, ohne zunächst (und so etwas braucht eine Menge Zeit) die Bevölkerung geduldig begleitet zu haben und in ihrem sozialen und politischen Bewusstsein eine demokratische Gesinnung zu entwickeln. In der Biologie spricht man davon, dass sich die Funktion das Organ erschaffe. Wir täten gut daran, uns von dieser Lehre inspirieren zu lassen, wenn wir in den sozialen Körper eines Landes eingreifen wollen. So vermeiden wir es, diesem Körper demokratische Organe einzupflanzen, bevor sich seine gesamte Funktionsweise nicht in Richtung Demokratie entwickelt hat.

In allen möglichen Bereichen glauben wir oft zu Unrecht, es würde genügen, jemanden mit Argumenten, Tatsachen und überzeugenden Beweisen zu bombardieren, also kurz gesagt, ihm gegenüber unsere intellektuelle Überlegenheit herauszustreichen, damit er seine Meinung ändert und die Ansichten übernimmt, die wir ihm aufdrängen wollen. Die Realität sieht ganz anders aus. Die Glaubensinhalte sind nämlich nur zu einem geringen Teil im Intellekt verankert, sie hängen viel stärker vom Emotionalen und Irrationalen ab. Mit der Vernunft allein kann man sie also selten ins Wanken bringen. Ja, es stimmt schon, manchmal können wir jemanden zu einer anderen Meinung bringen, wenn er dem, was wir ihm einhämmern, nicht mehr das geringste Argument entgegenzusetzen vermag. Aber wie lange wird das vorhalten? ... Kaum haben wir ihm den Rücken gekehrt, wird er auf seine früheren Überzeugungen zurückkommen, und dazu werden sich noch Zorn oder Hass gegen uns gesellen, weil wir ihn mit unserem Wissen derart in die Ecke gedrängt haben.

Wenn wir das ignorieren, werden wir viele Fehler und Ungeschicklichkeiten begehen. In der Politik beispielsweise stellt sich manch einer vor, man brauchte den Schlagworten der extremistischen oder populisti-

schen Parteien einfach nur die besseren Argumente entgegenzusetzen, um ihre Wählerschaft davon zu überzeugen, das Lager zu wechseln. Und schlimmer noch,
manche meinen sogar, man würde diese Wählerschaft
zu einem Kurswechsel ermuntern, indem man sie ver-
achtet und lächerlich macht. In Wirklichkeit geschieht
genau das Gegenteil: Je mehr sich die Menschen ange-
griffen fühlen, desto stärker werden sie sich wehren und
an ihre eigenen Überzeugungen klammern. Und die
ganze Zeit über macht sich niemand die Mühe, die
Sehnsüchte, Bedürfnisse und Ängste jener Menschen,
die tief liegenden Ursachen ihrer Entscheidung für ein
bestimmtes politisches Programm oder eine bestimmte
Ideologie zu identifizieren oder zu berücksichtigen. Resultat: Die anderen Parteien bieten keinerlei Alterna-
tive, um diese Bedürfnisse zu befriedigen, die Ängste zu
zerstreuen oder die tief reichenden Fragen zu beant-
worten.

Die politischen Überzeugungen des anderen einfach
mit der Handkante vom Tisch zu wischen und gar nicht
erst zu versuchen, das ihnen zugrunde liegende Feld zu
verstehen, ist eine wirkungslose Strategie. Dies belegen
auch die zunehmenden Wahlerfolge der rechtsextremen
Parteien – trotz (oder gerade wegen) all der Herabwür-
digungskampagnen, denen sie ausgesetzt sind. Umgekehrt lag beispielsweise die Stärke eines Gandhi darin,
dass er sich die Zeit nahm, das indische Volk bis ins In-
nerste kennenzulernen – seine Erwartungen, Leiden,
Sehnsüchte etc. –, ehe er eine politische Strategie entwickelte, die seine Erfahrungen berücksichtigte. Die anderen politischen Führer Indiens pflegten hingegen intellektuelle Diskurse, die von der Lebenswirklichkeit ihrer

Mitbürger total abgelöst waren. Dennoch ist auch Gandhis Herangehensweise an ihre Grenzen gestoßen: Selbst Gewaltlosigkeit lässt sich nicht einfach über das Oberflächenverhalten eines Individuums stülpen; auch sie muss der äußere Widerschein einer Wandlung in den Tiefenschichten jedes Einzelnen sein, denn sonst bleibt sie nicht auf Dauer haften. Man kann diese Feststellung heutzutage übrigens auf bestimmte Methoden übertragen, von denen es heißt, sie seien »gewaltfrei«. Diese Methoden wollen uns beibringen, welche Verhaltensweisen wir annehmen und welche Formulierungen wir verwenden müssen, um mit unseren Mitmenschen harmonisch zu kommunizieren, aber sie wirken nicht auf die dunkle Seite des Individuums, aus der seine Gewalttätigkeit entspringt. So kommt es zu dem paradoxen Ergebnis, dass manche Anhänger solcher Methoden in ihrem Praktizieren der Gewaltlosigkeit eine unerhörte Aggressivität ausstrahlen!

Nehmen wir für unser Gleichnis vom Magneten und den Eisenspänen ein letztes Beispiel aus der Politik: die Vereinigten Staaten von Amerika. Der messianische Elan, der die Schaffung der amerikanischen Gesellschaft prägte, und die Mission, mit der sich dieses Land noch immer betraut glaubt, beeinflussen bis heute die Rolle, welche die Vereinigten Staaten in der Welt zu spielen meinen. Wenn wir diesen religiösen Hintergrund nicht berücksichtigen, können wir nur schlecht begreifen, wovon die Grundzüge des amerikanischen Verhältnisses zu sich selbst und zur ganzen Welt determiniert werden. Wer von den letzten Wahlen, einem neuen Präsidenten oder einer anderen Regierung eine wahrhafte und tief greifende Änderung der amerikanischen Politik erwartet, glaubt also, um in unserem Bild zu bleiben, man brauche nur eine Schicht Eisenspäne durch eine andere zu ersetzen, damit ein radikal anderes Muster entsteht. Die Tatsachen erinnern uns aber täglich daran, dass dies nicht der Fall ist und sich allerhöchstens die politische Färbung des Musters ändert.

In einem kürzlich erschienenen Buch über die Unterschiede zwischen den Geschlechtern (Steven Rhoads, *Taking Sex Differences Seriously*, New York 2004) fand ich eine ganz unerwartete Illustration für unser Prinzip vom Magneten und den Eisenspänen. Der Autor erklärt darin, dass der Feminismus als Antwort auf die Exzesse der einstigen männerdominierten Welt lange Zeit die Idee verbreitet habe, männliche und weibliche Identität seien nur soziale Konstruktionen, und es komme ihnen nichts Angeborenes, Biologisches zu. Mit anderen Worten, unsere sexuelle Identität liege in den Eisenspänen, im Oberflächlichen, und nicht im Magneten, unserer Grundnatur. Den Feministinnen zufolge würde es also genügen, Jungen und Mädchen exakt dieselbe Erziehung zuteilwerden zu lassen, damit sie sich auf identische, androgyne Weise entwickeln.

Die Tatsachen sowie zahlreiche Experimente, die in Rhoads' Buch ausführlich besprochen werden, haben jedoch eindeutig das Gegenteil aufgezeigt: Von der Geburt an hat ein Kind ein deutlich männliches oder weibliches Verhalten, und zwar ganz unabhängig davon, welche Erziehung ihm zuteilwird. Rhoads führt den Fall von Zwillingen an, deren einem aufgrund eines ärztlichen Kunstfehlers bei der Beschneidung der Penis amputiert werden musste. Schließlich kastrierte man ihn, sein Vorname wurde in einen weiblichen geändert, und er erhielt die Erziehung, die in den frühen Sechzigerjahren für Mädchen üblich war. Dieses Experiment erwies sich allerdings als phänomenaler Fehlschlag: Das Kind zeigte weiterhin typisch männliche Verhaltensweisen; es nahm, sobald es durfte, seinen Jungennamen wieder an und heiratete später (eine Frau). Andere Experimente, die von streng feministischen Müttern vorgenommen wurden, waren darauf gerichtet, Jungen nicht mit Kriegsspielzeug in Kontakt kommen zu lassen (Revolver, Pfeil und Bogen, Gewehre), um ihre Aggressivität oder ihren Wettbewerbsdrang nicht zu stimulieren. Diese Versuche scheiterten ebenfalls.

Ganz allgemein gesprochen zeigt sich am Gleichnis der Eisenspäne, in welche Sackgasse eine materialistische und oberflächliche Weltsicht führen kann, verleitet sie uns doch dazu, die Augen vor den tief liegenden oder verborgenen Triebkräften zu verschließen, die wir doch angeblich so beherzt anpacken. Auf diese Weise gelangen wir immer nur zu Problemlösungen, die oberflächlich sind und somit ein kurzes Verfallsdatum haben. Egal ob es sich um die großen ökologischen Herausforderungen handelt, mit denen wir heute konfrontiert sind, um die Gewalt oder den Hunger in der Welt, um das Ungleichgewicht zwischen Nord und Süd oder auch Erziehungs- und Schulprobleme – die meisten der empfohlenen Lösungen streben einfach nur danach, den Eisenspänen eine neue Farbe zu geben.

Einstein sagte einmal, dass die Lösung für ein Problem nicht aus dem Denken kommen könne, welches das Problem geschaffen hat. Dieselbe Anordnung der Magnetpole ruft bei den Eisenspänen auch immer dasselbe Muster hervor. Wir brauchen heute also nicht nur ein anderes Denken, sondern auch eine andere Beziehung zwischen unseren Gedanken und unseren Gefühlen, zwischen dem Bewussten und dem Unbewussten, zwischen den beiden Polen unserer Natur.

Diese neue Beziehung ist vor allem gekennzeichnet durch die Berücksichtigung jener femininen, verborgenen, subtilen Dimension, die bei unseren Aktivitäten immer mitwirkt, egal ob wir uns dessen bewusst sind oder nicht. Den Magneten kann man sehen, die Eisenspäne auch – das magnetische Feld sieht man nicht. Eine Idee kann ausgedrückt, ihre Umsetzung wahrgenommen werden – die Wünsche aber, die Gefühle, welche den Übergang von der Idee zur Wirklichkeit möglich machen, bleiben unsichtbar. Dabei würde die Idee ohne sie unfruchtbar bleiben wie ein Samenkorn, dem das zum Keimen nötige Wasser fehlt. So brillant der Intellekt auch sein mag, er setzt nichts in die Welt ohne die nährende Kraft des Herzens, des Gefühls, der Leidenschaft, des Wünschens. Das Licht des Tages erblicken nur Projekte, die ein Herz gefunden haben, in dem sie sich festsetzen und Gestalt annehmen konnten, zunächst oftmals in einer schützenden und fruchtbaren Dunkelheit.

Das Muster der Eisenspäne wird sich nur wandeln, wenn wir die Position des Magneten verändern. Symbolisch gesprochen, ist es also die Beziehung zwischen Herz und Intellekt, von welcher die wahrhaften und tiefen Veränderungen in den menschlichen Werken abhängen. Der »Krieg der Geschlechter«, jener ewige Konflikt zwischen Männern und Frauen, ist nur der äußere Ausdruck des Spannungsfeldes, das Kopf und Herz in jedem von uns bilden und das sich in all unserem sichtbaren Tun widerspiegelt. Unsere Gesellschaft behauptet, den Frauen heute einen wichtigeren Platz einzuräumen: Was tut man jedoch dafür, dass die Schule nicht bloß den Intellekt entwickelt, sondern ebenso das Herz, die »Frau in unserem Innern«? Welchen Platz lassen wir den Emotionen und Gefühlen in der Schule, bei der Arbeit, egal in welchem Bereich? Außerdem ist es doch häufig so, dass Frauen in der modernen Gesellschaft nur bestehen können, indem sie Männerpositur annehmen; unsere Emotionen und Gefühle haben nur ein Bleiberecht, wenn sie vorher mit intellektueller Soße für die Vernunft genießbar gemacht wurden. Die Gleichberechtigung der Geschlechter müssen wir also zunächst einmal in uns selbst verwirklichen.

Die Veränderung, die wahre und tief reichende Veränderung, hat indessen bereits begonnen und gewinnt unaufhörlich an Umfang. Persönlichkeitsentwicklung, Psychotherapie und die verschiedenen Methoden der Kommunikation räumen dem Herzen immer stärker den Platz und die Rolle ein, die es verdient hat. Die Spiritualität in all ihren Formen, deren Vielfalt ein Heilmittel gegen das Einheitsdenken ist, stößt wieder auf ein beträchtlich gestiegenes Interesse, nachdem man sie lange Zeit irrtümlich mit dem (geweihten?) Badewasser der Religion ausgeschüttet hatte. Ein wachsender Teil der Bevölkerung liest entsprechende Zeitschriften oder Bücher, geht zu Vorträgen oder besucht Kurse, in denen man lernt, das »Magnetische« zu erkennen, das Feminine, das Herz und das Verborgene. Und es ist keine große Überraschung, dass häufig gerade die Leute, welche an ihren inneren Polaritäten arbeiten (Intellekt/Gefühlswelt, Geist/Körper), sich auch um neue Herangehensweisen in der Bildung, der Medizin, der Landwirtschaft, den Wissenschaften und den übrigen menschlichen Tätigkeitsfeldern bemühen. Eine ganz neue Kultur tritt auf diese Weise allmählich hervor – oder genauer gesagt, neue Kulturen –, wie es Paul H. Ray und Sherry Ruth Anderson in ihrem Werk *The Cultural Creatives: How 50 Million People Are Changing The World* aufgezeigt haben. Diesen Autoren zufolge soll bereits fast ein Viertel der Bevölkerung der westlichen Länder von jener Entwicklung berührt sein. Diesmal ist es wirklich der Magnet, der sich zuerst und bis in die Tiefe hinein verändert hat, und selbst wenn die ziemlich verhärteten alten Formen dem neuen Strom, der sie durchläuft, einigen Widerstand entgegensetzen, wird sie auf Dauer nichts vor dem allmählichen Verschwinden bewahren können, und sie werden durch neue Strukturen ersetzt werden, die im Einklang mit jenen tief reichenden Veränderungen stehen.

Wir können das Gleichnis vom Magneten und den Eisenspänen also als sehr interessantes Deutungsraster über vieles legen, was in uns und um uns herum geschieht. Meiner Ansicht nach liegt ein gemeinsamer Nenner der menschlichen Entwicklung seit mehr als einem Jahrhundert genau darin, dass man die versteckte Seite der Wirklichkeit besser berücksichtigt. Sigmund Freud beispielsweise hat den Begriff des Unbewussten, des verborgenen Teils unserer Psyche, hervorgehoben.

Pierre und Marie Curie haben in der Physik die Radioaktivität entdeckt. Nachdem man das Phänomen der elektromagnetischen Wellen verstanden hatte, konnte man es für zahlreiche uns vertraut gewordene Apparate nutzbar machen: Radio, Fernseher, Handy, Radar und Echolot. Kommunikationsspezialisten haben die ganze Bedeutung des Nonverbalen entdeckt – dessen, was man nicht mit Worten sagt, sondern mit dem Blick, der Körperhaltung oder der Intonation. Forscher haben den olfaktorischen Einfluss gewisser Hormone herausgestellt: Selbst wenn deren Konzentration viel zu schwach ist, um bewusst von uns wahrgenommen zu werden, bestimmen sie doch unser Verhalten mit.

Jeden Tag entdecken wir ein bisschen mehr, dass die Welt nicht nur Materie ist. Sie ist nicht nur das, was unsere fünf Sinne uns von ihr wahrnehmen lassen. Wir sehen nur ein paar Prozent des gesamten Lichtspektrums und hören nur einen kleinen Teil aller Töne; Millionen von Informationen, die in jedem Augenblick im Universum zirkulieren, entwischen unseren fünf Sinnen, spielen aber nichtsdestoweniger eine entscheidende Rolle im Funktionieren der sichtbaren Welt.

Es könnte sein, dass die physische Welt lediglich der dichteste, der kompakteste Teil einer Realität ist, deren Erforschung wir gerade erst beginnen. Darauf deuten auch die verschiedenen spirituellen Traditionen aller fünf Kontinente hin. Wie der Dampf beim Erkalten zunächst zu Wasser wird und dann zu festem Eis, ist auch die Materie vielleicht nur die Kondensation subtiler Energien – Geist, Denken, Gefühl –, mit denen wir uns eben erst vertraut zu machen beginnen.

Gestern wirkte man mit physischer Kraft auf die

Welt ein, indem man baute, ausmeißelte, die Materie bearbeitete. Heute können ein paar im Internet zirkulierende Informationen, unsichtbare elektrische Impulse, schon das Leben von Millionen Menschen berühren. Morgen wird eine bessere Kenntnis der schöpferischen und gestaltenden Macht des Geistes und der Gefühle sowie der spirituellen Fähigkeiten des Menschen andere und noch spektakulärere Entwicklungen auslösen.

Die ethischen Werte sind so schwer zu respektieren in einer Welt, in der alles voneinander getrennt und sowohl dem Zufall als auch dem Tod unterworfen zu sein scheint. Vielleicht werden sie ja aber für jeden von uns zu offen daliegenden Selbstverständlichkeiten, wenn wir erst einmal ein Bewusstsein für die Einheit alles Lebenden entwickelt haben und für eine Energie, die – ganz wie das Magnetfeld nach dem Verschwinden der Eisenspäne fortdauert – die Zerstörung der Körper und alle vergänglichen Formen überlebt.

Das Gleichnis vom Magneten, dessen scheinbar magische Kraft schon die ganz kleinen Kinder fasziniert, lädt uns dazu ein, die nicht sichtbaren Dimensionen der Wirklichkeit zu erkunden und zu lernen, wie wir dort, auf subtiler Ebene, etwas erschaffen können, von dem wir uns wünschen, dass es sich später in der physischen Welt manifestiert.

6 Das Ei, das Küken ... und das Omelett: Von der Eierschale zum Skelett

Bei einem Ei ist das Harte außen (die Eierschale) und das Weiche innen (Eiweiß und Dotter). Die Schale bewahrt den flüssigen Inhalt vor dem Auslaufen, solange sich das Küken in der Geborgenheit des Eies noch nicht ausreichend entwickelt hat. Ordnungsgemäß bebrütet und in Wärme gehüllt, ermöglicht das Ei seinem Inhalt, nach und nach Gestalt anzunehmen.

Wenn das Küken in der Eierschale vollständig entwickelt ist, kann man feststellen, dass sich das Harte nunmehr in seinem Inneren befindet – das Skelett – und das Weiche außen – das Fleisch und die Federn.

Da es nun seine eigene Form und seine eigene innere Festigkeit besitzt und nicht mehr beschützt werden muss, ist das Küken in der Lage, die Eierschale zu zerbrechen und sich dieses zeitweiligen Rahmens zu entledigen, der nicht nur unnütz geworden ist, sondern sogar erstickend wirkt.

Indem das Küken seine Eierschale zerbricht, beweist es, dass es seine Entwicklung vollendet hat, dass es in seinem Knochengerüst dieselbe Festigkeit verinnerlicht hat, die für die äußere Hülle des Eies kennzeichnend gewesen war.

Der Übergang vom Ei zum Küken ist ein interessantes Gleichnis für manche Transformationen, die ein Mensch zu durchlaufen hat. Die Eierschale ist ein vielsagendes Symbol für die Strukturen, in deren Schoß wir als Kinder heranwachsen, also für den familiären, schulischen, sozialen, religiösen und politischen Rahmen (oder manchmal Kerker), in welchem wir uns entwickeln. Während unserer Kinderjahre ist dieser Rahmen notwendig, damit wir uns strukturieren, uns selbst aufbauen können. Wir brauchen solche Grenzen, genauso wie wir ganz nach dem Muster des Eies genügend Wärme benötigen – also Liebe und Zuwendung –, damit sich unser Potenzial entwickeln kann.

Dennoch ist die Eierschale nur eine bestimmte Zeit lang von Nutzen: Irgendwann wird es erforderlich, dass wir sie zerbrechen. Wir brauchen sie nun nicht mehr, haben wir doch unsere eigene innere Kraft erlangt. So sollen die im Laufe unserer Erziehung übernommenen religiösen und moralischen Vorschriften uns beispielsweise erlauben, unser eigenes moralisches oder spirituelles Rückgrat auszubilden, damit wir uns »aufrecht zu halten« wissen. Haben wir dieses innere Gerüst erst einmal aufgebaut, können wir von allein stehen und benötigen keinen Halt und keine Krücken mehr. Unsere »Aufrichtigkeit« hat ihren Grund in dem, was wir selbst sind, und nicht mehr in der Angst vor der Polizei oder sonstigen Zwängen.

Das Individuum, welches im Schutz des familiären oder sozialen Eies sein eigenes Skelett, seine Psyche, seine Werte entwickeln konnte, braucht die ihm von außen auferlegte Eierschale nicht mehr und kann sie aus freien Stücken zerbrechen. In sich selbst wird dieser Mensch künftig genügend Stütze und Kraft finden, um sich »aufrecht zu halten«. Selbst wenn alle sozialen Strukturen um ihn herum zusammenbrechen, selbst inmitten von Anarchie, Chaos oder Krieg, selbst wenn es gar kein Risiko gibt, bei Übeltaten »geschnappt« zu werden, wird ein solcher Mensch sein gewohntes Verhalten, seine eigenen Wertvorstellungen beibehalten.

Wie man weiß, bringt nicht jedes Hühnerei auch wirklich ein Küken hervor. Manchmal zerbricht eine Eierschale, bevor ihr Inhalt sich ausformen konnte, und das weiche Innere fließt aus und zerläuft. So bereitet man Omeletts oder Spiegeleier zu. Dasselbe lässt sich auch im menschlichen Leben, in der Gesellschaft beobachten. Solch ein »soziales Omelett« gab es beispielsweise in der Studentenbewegung vom Mai 1968 und der darauf folgenden Befreiung von traditionellen Werten und Normen. Indem die Anführer dieser Bewegung die zu starre soziale Eierschale der Epoche zerbrachen, eröffneten sie eine Bresche, durch welche nicht nur jene heraustraten, die neue Werte mit sich trugen, sondern auch viele andere, deren innere Entwicklung noch nicht unbedingt so weit gediehen war. Noch bedauerlicher ist jedoch, dass diese Generation (als Reaktion auf die Kämpfe, die sie hatte ausfechten müssen, um die politische, kulturelle und religiöse Zwangsjacke zu sprengen) nicht in der Lage war, der nachfolgenden Generation eine passendere Eierschale zu bieten. Sie glaubte völlig darauf verzichten zu können und wollte ihre Kinder diese Etappe einfach überspringen lassen. Sie sah nämlich nur die restriktive Seite der Eierschale, nicht aber deren formgebende Dimension. Das Ergebnis war eine schwer zu lenkende »Generation Omelett«, die man seither dabei beobachten kann, wie sie verzweifelt nach Orientierung und einem strukturierenden Rahmen sucht – und sei es in Auseinandersetzungen mit der Polizei, in Sekten oder Banden.

Nach einer Generation von auf den Thron gehobenen Kindern oder, wie die Zeitschriften regelmäßig titelten, »tyrannischen Kindern«, erleben wir jetzt in Familie und Schule eine Rückkehr der Autorität. Sie wird begleitet von einem »Es ist nicht verboten zu verbieten«, das noch schüchtern erklingt, weil es einer zweifelhaften politischen Vereinnahmung unterliegt (Autorität wird mit der Rechten assoziiert). Ist das Problem damit aber schon gelöst? So sicher ist das nicht. Die Geschichte ist reich an extremen Pendelausschlägen. Es ist nicht immer leicht, einen guten Mittelweg zu finden. Das »soziale Omelett« ist eines dieser Extreme. Das andere wäre, symbolisch gesprochen, das betonierte Ei.

Wenn die Eruption im Mai 1968 so gewaltig war, lag es daran, dass die Starrheit des sozialen Eies in jener Epoche lebensfeindliche Ausmaße erreicht hatte. Ein Küken verfügt nämlich nur über eine begrenzte Frist, um sich zu entwickeln, zur Reife zu gelangen, seine Eierschale zu zerbrechen und das Tageslicht zu erblicken.

Wenn die Umstände nicht günstig sind oder seine Entwicklung unvollständig bleibt, wird ihm die Eierschale zum Sarg: Es wird niemals schlüpfen oder aber tot geboren hinausgelangen. Ebenso spielen die Strukturen in Bildung, Sozialwesen und Politik nicht immer die Rolle, die man mit Fug und Recht von ihnen erwarten dürfte. Manche – so die totalitären Systeme – zielen eher darauf ab, jede Möglichkeit zur Entwicklung, Veränderung oder Reife im Keim zu ersticken. Andere wiederum bieten, ohne unbedingt ebenso verderblich zu sein, einfach zu wenig Wärme, als dass diejenigen, die in ihrem Innern leben, sich ausreichend entwickeln und reifen könnten. Wieder andere haben niemals jene fruchtbare Keimzelle in sich getragen, die dem Ei sein Entwicklungsschema vorgibt und sein Potenzial auf die Herausbildung eines vollständigen Lebewesens hin ausrichtet. Auf ähnliche Weise verschließen sich manche Gesellschaften hermetisch vor jedem neuen Denken, vor den Keimen neuer Ideen, vor einem spirituellen Atem, der das ihnen innewohnende Potenzial wiederaufleben lassen könnte. Diese Gesellschaften sind in spiritueller Hinsicht unfruchtbar: Sie »funktionieren«, der Mechanismus schnurrt, aber sie erschaffen nichts mehr, vermögen sich nicht mehr zu erneuern, und ohne dass sie sich dessen bewusst wären, haben sie in vielen Fällen bereits ihren Niedergang eingeleitet.

Genau wie der Körper bei einer Autoimmunkrankheit die ihn bestürmenden schädlichen Keime nicht mehr von seinen eigenen »Truppen« zu unterscheiden weiß und so seine Immunkraft gegen sich selbst richtet, kann der soziale Körper Frankreichs nicht mehr zwischen sektenhaften Organisationen und Ideen auf der einen Seite und Konzepten mit einem neuen Atem, von dem die ganze Gesellschaft profitieren würde, auf der anderen Seite unterscheiden. Das soziale Ei schließt sich um sich selbst, wird betonhart und sperrt sich aus Furcht vor »Infiltrierung« durch zerstörerische Keime gegen jede Befruchtung durch ein neues Denken.

Der Übergang vom Ei zum Küken ist also nicht in jedem Fall gesichert, er erfordert sogar ein Zusammentreffen günstiger Faktoren: Je nach dem Zustand der Eierschale, der Umgebungstemperatur und dem Vorhandensein einer Keimscheibe aktualisiert das Ei jenes Küken, dessen Potenzial es in sich birgt, oder auch nicht.

Man findet im Gleichnis vom Ei und vom Küken noch einen anderen wichtigen Begriff – den des regelmäßigen Wechsels von Schöpfungs- und Zerstörungszyklen. Wenn die Eierschale nicht zerstört wird, kann das Küken nicht schlüpfen. Und wenn die herangewachsene Generation von Hühnern und Hähnen nicht ihrerseits neue Eierschalen hervorbringt und deren Inhalt befruchtet, wird es keine Brut geben. Wie wir bereits erwähnten, weist die moderne westliche Gesellschaft jedoch den Tod zurück; ganz allgemein gesprochen, hat sie eine negative Sicht auf die Zerstörung, die doch aber für jede neue Schöpfung unverzichtbar ist. Man erkennt dies nicht nur an der Verbissenheit, mit der wir bei Personen, die am Ende ihres Lebens stehen, den Tod hinauszögern (oft aller Lebensqualität oder gar den Grundsätzen der Menschlichkeit zum Hohn), sondern auch an der Fossilisierung der Vergangenheit, wie wir sie mithilfe der Archäologie oder eines falsch verstandenen Denkmalschutzes, der heute krankhafte Ausmaße annimmt, betreiben. Mir liegt die Vorstellung fern, man solle mit der Vergangenheit Tabula rasa machen und alles Althergebrachte zerstören: Die Menschheit ist reich an Kulturen und an Ererbtem, dessen Spur bewahrt werden muss – solange dies in vernünftigem Rahmen möglich ist. Aber ist das heutzutage der Fall? Es gibt auch eine therapeutische Verbissenheit, die sich auf die menschlichen Werke richtet!

Die Kathedrale von Mexico City beispielsweise ist schon so gut wie tot, und sie hält sich nur noch aufrecht, weil sie von jeder Menge Gerüsten abgestützt wird. Ist das wirklich noch vernünftig? Genauso erleben wir jedes Mal heftigen Widerstand, wenn versucht wird, auch nur das kleinste ein wenig ältere, noch nicht einmal historisch belangvolle Gebäude abzutragen, um an seine Stelle etwas Neues hinzubauen. Man gibt Unsummen dafür aus, menschliche Werke, deren Stunde längst geschlagen hat, vor der unvermeidlichen Zerstörung durch die Zeit zu bewahren. Dabei hätte man mit diesem Geld doch auch Neuschöpfungen finanzieren oder ganz aktuellen Bedürfnissen nachkommen können, seien diese nun sozialer, ökologischer oder anderer Natur. In einer solchen Haltung steckt eine Zurückweisung von Alter, Verschleiß und Tod – doch paradoxerweise wirkt sie schließlich selbst abtötend, denn sie sperrt sich gegen die Erneuerung, den Wiederbeginn und die Regeneration, die der Tod stets mit sich führt, da ihm ein neues Leben folgen wird.

Ich möchte dies mit einer Geschichte illustrieren, die sich vor ungefähr zwanzig Jahren in Ladakh-Zanskar zutrug, einem kleinen Landstrich in Nordindien, dessen

Bewohner dem tibetischen Buddhismus anhängen. Eine europäische Stiftung hatte dort in einem Gebirgstempel eine wundervolle und gigantische Buddhastatue entdeckt. Diese hatte bereits ein hohes Alter und begann, ernsthafte Schäden aufzuweisen. Nach Ansicht der Stiftungsmitglieder bedurfte sie dringend einer Restaurierung. So brachten sie die notwendigen Gelder zusammen und sandten sie an das betreffende Kloster. Als die Mönche die Mittel empfangen hatten, beeilten sie sich, die alte Buddhastatue zu zerstören und eine neue von derselben Größe zu errichten, die in den glänzendsten Farben erstrahlte! Die Vorstellung von der Unbeständigkeit aller Dinge ist nämlich eines der Grundkonzepte des Buddhismus: Nichts bleibt ewig gleich in der dinglichen Welt; alles wird anders, verwandelt sich, stirbt und wird wiedergeboren. Warum also eine alte Statue behalten? Weshalb sollte man sich an sie binden? Eine neue erfüllt genau denselben Zweck!

Diese Geschichte illustriert auf beinahe karikaturistische Weise die Mentalitätsunterschiede zwischen einer materialistischen Gesellschaft, die den Tod zurückweist, und einer spiritualistischen Gesellschaft, welche die ewigen Zyklen von Schöpfung und Zerstörung, von Leben und Tod begreift.

Über solche archäologischen oder denkmalschützerischen Fragen hinaus bestimmt unsere Haltung dem Tod gegenüber auch das Entstehen und das Verschwinden von sozialen, politischen, wirtschaftlichen oder Bildungsstrukturen, die wir in die Welt setzen. Besessen von Wachstum und Entwicklung, vermögen wir nicht mehr zu zerstören. So entwickelt sich unsere Gesellschaft wie ein Krebsgeschwür, das auf Kosten des Organismus (also hier unserer natürlichen und sozialen Umgebung) immer stärker wuchert. Kein Tod, keine Zerstörung und auch keine wirkliche Regeneration mehr: Man begnügt sich damit, die Form ein wenig aufzupolieren, um einen Anschein von Veränderung zu erwecken, ganz als würde man auf die Eierschale ein Küken malen, um seine Geburt vorzutäuschen.

Wir können also mehrere der gegenwärtigen Krisen – ob es sich nun um die Probleme im Schulwesen handelt, um das ständig wachsende Desinteresse an Politik oder um diverse ökonomische Konflikte – im Lichte dieser Unfähigkeit lesen, alte Eierschalen zu zerbrechen und damit neue Formen entstehen zu lassen. Das Neue erstickt also in einem Ei, dessen Schale immer dicker und härter wird. Vielleicht sollten wir, wie es bei Nahrungsmitteln bereits der Fall ist, auch für die von uns eingesetzten Systeme ein Verfallsdatum festlegen, damit wir sie, wenn die Phase ihrer Nützlichkeit vorüber ist, leichter zerschlagen und durch angemessenere ersetzen können?

Doch auch wenn dies tatsächlich eine gute Lösung wäre, sind wir nicht wirklich darauf angewiesen, damit sich die Dinge entwickeln: Nichts kann sich auf Dauer der Veränderung widersetzen, denn das Leben selbst ist Veränderung, und ohne sie wäre überhaupt kein Leben möglich. Wir haben allenfalls die Wahl, auf welche Weise wir diese Veränderungen vornehmen wollen – auf sanfte, konstruktive Art oder aber brutal, in einem Klima von Zerschlagung und Gewalt. Wenn wir den Tod und die Zerstörung des Überlebten ablehnen, wenn wir uns der Veränderung entgegenstellen und den Status quo einfrieren möchten, bereiten wir damit nur den Boden für brutale und gewaltsame Transformationen. Wir riskieren dann, einmal mehr von einem Extrem ins andere zu fallen, von einem Ungleichgewicht ins nächste. Auf diese Weise werden »Omelett« und »Beton-ei«, Laxheit und autoritäre Strenge einander immerfort abwechseln, statt dass man in gutem Einvernehmen mit den Zyklen von Leben und Tod arbeitet, die über alle Dinge herrschen, und schon bei der Geburt eines Systems oder einer Kreation den Verschleiß und das Ende, welche ihnen unweigerlich bestimmt sind, gedanklich vorwegnimmt. Das Gleichnis vom Ei enthält nämlich auch den Hinweis auf den Kreislauf der Natur – Ei, Küken, Henne, Ei, Küken, Henne usw. usf. – und erinnert uns daran, dass das Leben stets zyklisch abläuft und nicht so linear, wie wir es unter dem Einfluss der rationalistischen Denkweise wahrzunehmen lernen. Geschichte ist nicht die aufsteigende Gerade, die man in ein Koordinatensystem einzeichnet und die von der Prähistorie ihren Ausgang nimmt, um in eine immer strahlendere Zukunft zu reichen. Sie ist eine Spirale, in der unablässig Tag und Nacht einander abwechseln, Sommer und Winter, Aufbau und Zerstörung, Wachstum und Niedergang, Konflikte und Frieden. All unsere Versuche, einen Bestandteil dieser Polaritätspaare zu unterdrücken, müssen also mit einem Fehlschlag enden.

7 Quintons Schlange: Äußeres Milieu und innere Kraft

Der französische Biologe René Quinton (1867–1925), Begründer der Thalassotherapie, aber auch der französischen Zivilluftfahrt und dazu noch meistgeehrter Kriegsheld in der Geschichte Frankreichs, war in vielerlei Hinsicht eine außergewöhnliche Persönlichkeit. Wie Pasteur war auch Quinton kein ausgebildeter Mediziner, und dennoch hatte er eines Tages eine bemerkenswerte Eingebung, die ihn dazu führte, das Meerwasser zu therapeutischen Zwecken zu nutzen: Er verwendete es in einer Form, die man »Quintons Meeresplasma« nennt und die schon Hunderttausenden Menschen das Leben gerettet hat.

Die bisweilen unverständlichen Zufälle der Geschichte haben es mit sich gebracht, dass diese Persönlichkeit, die zu ihrer Zeit bekannter als Pasteur war und als Wohltäter der Menschheit angesehen wurde, heute praktisch vergessen ist. Das Meeresplasma wird nur noch in der Veterinärmedizin eingesetzt, während es doch auch für die Humanmedizin ein unerreichtes therapeutisches Hilfsmittel darstellt.

Unser Kapitel ist jener erstaunlichen Eingebung von Quinton gewidmet, denn über ihre – schon für sich allein faszinierenden – medizinischen Anwendungen hinaus kann sie uns, als Gleichnis betrachtet, außerordentlich lehrreich sein.

Als René Quinton an einem Herbsttag im Wald spazieren ging, stieß er auf eine Schlange. Wegen der für die Jahreszeit recht niedrigen Temperatur war sie schon ganz steif und rührte sich kaum. Der Wissenschaftler hob sie auf, nahm sie mit nach Hause und legte sie in die Nähe des Kamins, in dem ein schönes Feuer prasselte. Nach wenigen Minuten hatte die Schlange ihre ganze Vitalität und Beweglichkeit wiedererlangt. Sie begann sogar gefährlich zu werden.

Als Quinton dies beobachtete, kamen ihm die folgenden Gedanken: »Das Leben hat die Schlange nicht geschaffen, damit sie lethargisch und steif sein soll; wenn ich sie heute aber halb erstarrt gefunden habe, bedeutet das, dass Schlangen zum ersten Mal in einer Epoche erschienen sind, in der die Erde rund ums Jahr warm war, was der Schlange gestattete, ihre Vitalität auf optimale Weise auszuleben.«

Auf diese erste Eingebung gestützt, entwickelte er eine erstaunliche Theorie über die Evolution der Tierarten: Die allerersten Lebensformen erschienen in den Ozeanen bei einer Temperatur von ungefähr 43 Grad, als sich die Erde, die anfangs ein Feuerball gewesen war, schon beträchtlich abgekühlt hatte. Die Erde erkaltete weiter, und auch der Ozean verlor ein paar Grad Wassertemperatur. So geschah es, dass die ersten Arten, die in vollständiger Osmose mit ihrer Umgebung lebten, mit ihm kälter wurden. Aber die Natur widersetzte sich diesem Niedergang, neue Arten von Lebewesen entstanden, die dem Absinken der Temperatur widerstehen konnten. So konnten die ursprünglichen Lebensbedingungen, die optimal waren, bewahrt werden. Die neuen Arten befanden sich also nicht mehr in totaler Osmose mit dem Umgebungsmilieu: Sie besaßen nun ein inneres Milieu, das vom äußeren unterschieden war und die Lebensbedingungen der Ursprungszeit reproduzierte.

Und so wie sich im Laufe Hunderttausender von Jahren der Ozean immer mehr abkühlte, erschienen auch immer komplexere Arten, die in der Lage waren, einen immer beträchtlicheren Temperaturunterschied zu ihrer Umgebung zu wahren, während die bereits existierenden Arten – so unsere Schlange – dazu verurteilt waren, den Niedergang des Milieus über sich ergehen zu lassen und künftig einen Teil des Jahres in Zeitlupe zu leben. Das innere Milieu erlaubt nämlich, mehrere Parameter der Ursprungszeit zu bewahren, darunter die Temperatur. (Meine Darstellung der Theorie ist absichtlich vereinfacht.)

Je mehr sich das äußere Milieu also verschlechtert (Entropie), je mehr es an Energie verliert, desto stärker kompensiert die Natur diesen Niedergang, indem sie nach innen wendet, was in der Außenwelt verloren gegangen ist, und neue Fähigkeiten entwickelt. Je kälter das äußere Milieu wird, desto besser lernen es die Arten, ihre eigene Wärme zu erschaffen. Je höher der Salzgehalt der Ozeane wird, desto besser bewahren die Lebewesen in ihrem inneren Milieu den Salzgehalt der Ursprungszeit. Und in den großen Meerestiefen, in denen es an Licht mangelt, sind sogar Arten aufgetaucht, die ihr eigenes Licht erzeugen können.

Nun war Quinton kein Mystiker, aber er führte seine Gedankengänge bis zu folgender Behauptung: Wenn eines Tages die Sonne ganz verschwände, würde es daran liegen, dass die Lebewesen sie vollständig in sich hineingeholt haben!

Ob diese Sichtweise nun auf zoologischer Ebene stichhaltig sein mag oder nicht, sie bietet uns auf jeden Fall ein interessantes Gleichnis für gewisse Verhaltensweisen des Menschen.

Was sagt Quinton?

Er behauptet, dass sich ein Lebewesen ganz am Anfang, das heißt bei seiner Geburt oder beim Auftauchen seiner Art, in Osmose mit seiner Umgebung befindet: Die Merkmale dieser Umgebung werden also auch die seinen. Was geschieht nun, wenn sich diese Umgebung allmählich verschlechtert? Manche Lebewesen folgen ihr in ihrem Niedergang, denn sie schaffen es nicht, eine persönliche Autonomie zu entwickeln, wohingegen andere der Verschlechterung widerstehen und eine Unabhängigkeit von den Bedingungen des äußeren Milieus erlangen, indem sie sich ein inneres Milieu erschaffen, das eine mehr oder weniger große Differenz zur Außenwelt erträgt. Mit anderen Worten: Angesichts des Niedergangs der Lebensbedingungen vollziehen gewisse Arten einen evolutionären Sprung, der vergleichbar ist mit dem heilsamen Hüpfer des wach gebliebenen Frosches, durch den er einem Milieu entkommt, das schädlich für ihn geworden ist.

Was ergibt die Übertragung dieses Prinzips auf die menschliche Existenz?

Wie die im Wasser lebenden Arten sind auch wir seit unserer Geburt in ein menschliches Milieu getaucht, das bestimmte Merkmale, familiäre, religiöse, politische und kulturelle Werte aufweist. Wir absorbieren den größten Teil von ihnen, und zwar weder durch Erziehung noch durch explizites Erlernen, sondern auf indirekte, unterbewusste Weise, durch Osmose mit dem Milieu, in welchem wir leben. So formt sich unser Geist ohne unser Wissen mehr oder weniger getreu nach dem Bilde des uns umgebenden Kontextes. »Unsere« Werte, »unsere« Überzeugungen, »unsere« Weltsicht sind somit größtenteils das osmotische Spiegelbild jener Werte und Anschauungen, von denen wir in unserer Kindheit umgeben waren.

Ich habe schon einmal Pascal zitiert: »Wehe dem Menschen, der nicht wenigstens einmal in seinem Leben alles infrage gestellt hat.« Nur ein solches Infragestellen macht es uns möglich, alles, was wir als Kind passiv absorbiert haben, zu durchsieben, um den Teil zurückzubehalten, der künftig bewusst unser sein wird, und alles das abzuwerfen, was wir nicht zum Unseren machen möchten. Solange uns dieses Durchsieben noch bevorsteht, sollten wir uns bewusst machen, dass jene Werte und Überzeugungen, die uns anzugehören scheinen, bis zum Beweis des Gegenteils vor allem erst einmal den Umständen geschuldet sind. Wären wir in einer anderen Familie geboren, einem anderen Land, einer anderen Kultur, würden »unsere« Werte, »unsere« Überzeugungen und »unsere« Weltsicht jetzt gewiss ganz anders aussehen.

Wenn wir selbst nicht bewusst infrage stellen, was uns ausmacht, können uns manchmal auch Veränderungen in der Umgebung viel über uns enthüllen. Das kann auf zweierlei Weise geschehen:

– Man findet sich plötzlich in einem anderen Milieu wieder, zum Beispiel, wenn man andere Weltgegenden bereist und fremde Kulturen kennenlernt.
– Das Umfeld, in dem man aufgewachsen ist, erfährt selbst eine Veränderung, sei diese nun radikal und schnell (Krieg, wirtschaftliche Depression) oder langsam (allmählicher Niedergang oder allmähliche Entwicklung wie in unserem Beispiel mit dem Frosch).

Der jugendliche Sohn eines Freundes beispielsweise war für ein Jahr in die Vereinigten Staaten gegangen, wo er in einer Gastfamilie lebte. Wie er berichtet, bemerkte er nach einigen Monaten des Eingetauchtseins ins neue Milieu, dass er die zwanghafte Fixierung auf Hygiene abgelegt hatte, die für seine Ursprungsfamilie kennzeichnend war, und nun ein weniger obsessives Verhältnis zur Sauberkeit pflegte. Mit der Pünktlichkeit nahm er es hingegen weiterhin sehr genau, während man das von seiner Gastfamilie nicht behaupten konnte. Dieser Aufenthalt im Ausland hat ihm dabei geholfen, sich allmählich dessen bewusst zu werden, was von all den Dingen, die seine Eltern und sein Heimatland auf ihn übertragen hatten, ihm als Eigenstes zugehörte und welche Verhaltensweisen und Gewohnheiten er zwar durch Osmose angenommen hatte, in einer anderen familiären oder sozialen Umgebung jedoch nicht weiterführen würde.

In einem anderen Maßstab enthüllen Kriege sehr deutlich das Vorhandensein oder Fehlen eines inneren Milieus bei den Betroffenen: Manch einer entdeckt seine Heldenseele und stellt sich der Verrohung und Feigheit in seiner Umgebung entgegen; andere stimmen in die vorherrschende Tonlage ein; wieder andere werden zerrissen zwischen dem, was sie sich ersehnen, und dem, was sie tatsächlich bewirken können. Und niemand, der nicht eine solche Feuerprobe auf ähnliche Weise durchlebt hat, kann wirklich wissen, wie er unter solchen Umständen handeln würde.

Wie wir in der Geschichte vom Frosch gesehen haben, sind es dennoch die langsamen, allmählichen Veränderungen, welche die Solidität und Beständigkeit unserer Werte und Glaubensinhalte am meisten auf die Probe stellen. Wird der Frosch abrupt ins heiße Wasser getaucht, macht er sofort den rettenden Satz nach draußen. Es ist einfach, auf etwas zu reagieren, das unseren Überzeugungen schroff entgegensteht. Schwieriger ist schon, eine leichte Abweichung von der Achse auszumachen, die wir uns vorgegeben haben – auf die Gefahr hin, dass diese Abweichung morgen schon die Norm ist und dass eine neuerliche harmlose Abweichung ihrerseits eine neue Norm schafft, die sich noch weiter von der ersten entfernt, und immer so weiter. Bis zu dem Tag, wo die Addition all dieser winzigen Abweichungen uns dazu bringt, ein Leben zu führen, das sich von unserem ursprünglichen ebenso unterscheidet wie jenes der Schlange, die aus einem warmen Klima, wo sie rund ums Jahr aktiv sein konnte, in ein gemäßigtes Klima geriet, in dem sie das halbe Jahr in Winterstarre zubringen muss.

Unter verschiedenen Blickwinkeln und einander ergänzend sprechen die vorgestellten Gleichnisse im Grunde über dieselben Dinge zu uns: Wie kann man sich ein scharfes Bewusstsein erhalten, wie kann man seine Werte entwickeln, behaupten und bewahren, wie kann man dem widerstehen, was der Richtung, die man sich selbst vorgegeben hat, entgegenläuft, wie kann man widrige Umstände dazu nutzen, dass man sich selbst stärkt?

Diese Geschichte erhellt die Probleme unserer Zeit auf überzeugende Weise. Viele halten die gegenwärtige Epoche nämlich für »apokalyptisch«. Dabei verstehen sie dieses Wort aber nicht im heute verbreiteten Sinne von »Katastrophe« und »Endzeit«, sondern besinnen sich auf die ursprüngliche Wortbedeutung: »apokalyptisch« heißt *enthüllend*.

Wie es Nietzsche in seiner *Götzendämmerung* vorhergesagt hatte, sind seit mehr als einem Jahrhundert zahlreiche kollektive Lebensrahmen und Orientierungspunkte einer nach dem anderen verschwunden. Viele Tabus und Verbote sind gefallen. Es vergeht kein Jahr mehr, ohne dass die Grenzen der Forschung, Moral und Ethik ein bisschen weiter verschoben werden (Genmanipulationen, Klonen, Forschungen am Embryo, Patentschutz für Lebewesen).

Die soziale, menschliche, wirtschaftliche, berufliche, politische, spirituelle Umwelt, in die wir eingetaucht sind (gar nicht erst zu reden von der natürlichen Umwelt), verändert sich immer schneller. Heute kann man die Wandlungen bereits von einem Jahrzehnt zum anderen beobachten, bald vielleicht von einem Jahr zum nächsten. Diese Veränderungen berühren uns alle. Aber auf welche Weise?

Es lohnt sich, diese Frage zu stellen. Was enthüllt mir diese Entwicklung über mich selbst? Bin ich zu einer Zeit, in der sich das soziale Klima abkühlt, wie Quintons Schlange, die bei zunehmender Kälte ihre innere Wärme verliert, oder bin ich eher wie ein warmblütiges Tier, das sein eigenes Feuer zu bewahren vermag?

Tagsüber kann niemand die Sterne erkennen; erst die Nacht gestattet es uns, sie funkeln zu sehen. Auf ähnliche Weise kann man gerade in der winterlichen Kälte am besten die warmblütigen Tiere von den wechselwarmen unterscheiden, sind doch Letztere in der kalten Jahreszeit zu einem Leben in Zeitlupe und zur Winterstarre verdammt. Ebenso kann man in einem sozialen Klima, das eine gewisse intellektuelle und spirituelle Helligkeit sowie eine Dosis Wärme bewahrt hat (soziale Bindungen, Liebe), solche Menschen, die leuchten und sich von innen her erwärmen, nicht von jenen unterscheiden, die wie der Phosphor oder die Wärmflasche nur das zurückgeben, was sie aus ihrem Umfeld entliehen haben. Erst wenn die gemeinschaftlichen Werte und das soziale Klima im Niedergang begriffen sind, erkennt man wirklich, wer aus sich selbst heraus immer noch leuchtet und wärmt.

Daher ist es auch notwendig, sich folgende Fragen zu stellen: Was gehört mir noch als mein Eigenstes, wenn sich die äußeren Bedingungen ändern? Was kann ich wirklich als das Meinige beanspruchen, welche Werte, welche Standpunkte, welche Meinungen oder Blickwinkel? Habe ich ein persönliches, unabhängiges inneres Milieu? Bin ich eher ein Reptil wie Quintons Schlange oder eher ein Säugetier?

Auf gesellschaftlicher Ebene liegt die gute Nachricht darin, dass die Zahl der Personen, die jener Verschlechterung des äußeren Milieus widerstehen können, viel größer ist, als man es glauben würde, wenn man sich nur auf die vorherrschenden Medien verlässt. Dies geht zumindest aus einer Untersuchung hervor, die zwei amerikanische Soziologen als Langzeitstudie (über beinahe vierzehn Jahre hinweg) und mit einer sehr repräsentativen Bevölkerungsgruppe (rund 100 000 Personen) durchgeführt haben. Ich habe diese Studie von Paul H. Ray und Sherry Ruth Anderson, die erstmals im Jahre 2000 unter dem Titel *The Cultural Creatives: How 50 Million People Are Changing The World* erschienen ist, schon einmal erwähnt.

Die kulturell Kreativen sind Leute wie Sie und ich, die sich aber dadurch auszeichnen, dass sie sich teilweise aus ihrer Umgebungskultur zurückgezogen haben, um sich für etwas zu engagieren, das ihren Werten gemäßer ist. Diese Menschen haben sich – wie vielleicht auch Sie – für eine andere Art der medizinischen Behandlung oder der Kindererziehung entschieden, sie haben eine anspruchsvollere Konsumweise gewählt (gerechter Handel, Bioprodukte) oder auch eine andere Lebensweise, eine gesündere Ernährung etc. Mit einem Wort, sie haben zumindest in einem Bereich ihres Lebens eine persönliche Wahl getroffen, die quer zu den dominierenden Werten steht, und sind nicht der allgemeinen Tendenz gefolgt, die ihnen nicht zusagt.

Der Begriff der »kulturell Kreativen« ist interessant und aufschlussreich. Er legt nämlich nahe, dass diese Personen, die dem kulturellen Verfall ihrer Umgebung widerstehen, dies nicht nur als Einzelwesen tun, sondern dass es ihnen (und sei es im ganz kleinen Maßstab einer Wohngemeinschaft, einer Firma, eines Dorfes) gelingt, neue Kulturen zu schaffen. Dies ist ein wichtiger Punkt. Wo Quinton gezeigt hat, dass das Leben der zunehmenden Entropie der Umgebung widerstehen kann, gehen die neuesten Erkenntnisse der Ökologie nämlich sogar noch weiter. Sie deuten darauf hin, dass Lebewesen nicht nur imstande sind, eine Resistenz gegen die Veränderung ihres Milieus zu entwickeln, sondern dass sie dieses Milieu selbst verändern können. Die erstaunliche Stabilität der mineralischen Zusammensetzung des Meerwassers – und man denke nur an all die Substanzen, die tagtäglich in die Ozeane gelangen: Regenwasser, Schwemmstoffe, diverse Abfälle – rührt nämlich daher, dass die Pflanzen- und Tierarten, welche die Meere bevölkern (Fische, Krustentiere, Algen etc.), unablässig an der Aufrechterhaltung jenes Gleichgewichts arbeiten, von dem sie so abhängig sind. Anders gesagt: Diese Arten modifizieren das äußere Milieu – das Meer – nach ihren Bedürfnissen. Man weiß, dass es zwischen der Pflanzenwelt und dem Klima bestimmter Regionen die gleiche Wechselbeziehung gibt: Einerseits bestimmt das Klima über die Pflanzen, die in dieser Gegend wachsen, andererseits beeinflussen die Pflanzen das Klima, das sich über ihnen entwickelt.

Dem Menschen ist dieselbe Macht gegeben. Er kann nicht nur sozialen Veränderungen widerstehen, die seinen Erwartungen entgegenlaufen, sondern ist auch in der Lage, sein soziales Umfeld so zu modifizieren, dass es seinen Sehnsüchten besser entspricht. Genau diesem Vorhaben widmen sich gegenwärtig die kulturell Kreativen – ganz egal, ob sie den Begriff kennen und ob sie sich dessen bewusst sind, dass sie einen solchen Prozess des individuellen Widerstands und der kollektiven Wandlung ins Werk setzen. Die Originalität ihrer Herangehensweise liegt im Vergleich zu anderen, politischeren, Strategien darin, dass sie zunächst einmal aus einer innerlichen Veränderung hervorgeht, die sich dann in der Außenwelt auszubreiten versucht.

Die kulturell Kreativen sollen schon fast ein Viertel der erwachsenen US-amerikanischen Bevölkerung ausmachen (44 Millionen Menschen beim Abschluss der erwähnten Studie). Selbst wenn man in Europa keine derartige Untersuchung durchgeführt hat, gestatten viele Anzeichen die Annahme, dass die Prozentzahl der kulturell Kreativen bei uns ähnlich hoch liegt. Ein Viertel der Bevölkerung, das ist ein beträchtlicher Anteil, auch wenn sich dies gegenwärtig (noch) nicht in sozialen oder politischen Strukturen äußert, die den Lauf der Dinge direkter beeinflussen könnten (man denke zum Vergleich aber nur einmal an die viel geringeren Wahlergebnisse gewisser extremistischer Parteien, über die alle Welt beunruhigt ist).

Symbolisch gesprochen, sind die kulturell Kreativen also eine warmblütige Art, die sich einerseits bemüht, trotz der ringsum vorherrschenden spirituellen Entropie ein inneres Milieu mit eigenen Moral- und Wertvorstellungen aufrechtzuerhalten, also eine Art inneres Feuer, und die im nächsten Schritt auch versucht, diese inneren Qualitäten auf das soziale Umfeld auszubreiten, um so die äußere Welt zu verändern. Nichts indessen unterscheidet sie äußerlich von ihren Mitmenschen: Weder stehen sie unter demselben Banner vereint, noch treffen sie alle die gleiche Wahl, selbst wenn sie aus demselben Antrieb heraus handeln, aus demselben Willen, dem Niedergang die Stirn zu bieten. Die meisten ahnen nicht einmal, dass man sie unter dem Begriff »kulturell Kreative« zusammenfasst. Diese Eigentümlichkeit – das Fehlen von äußeren Erkennungsmerkmalen – gibt zu denken. Bisher hat man den Begriff »Mutation« immer mit einer äußeren, sichtbaren Veränderung der Arten verbunden, etwa der, wie Darwins Evolutionsverständnis sie nachzeichnet. Es könnte jedoch sein, dass mit dem menschlichen Wesen die Ära der inneren Mutationen angebrochen ist, also von Wandlungen, die weder seine körperliche Erscheinung noch seine Physiologie berühren, sondern vor allem seine Sicht auf die Dinge, seine Art zu denken und zu lieben, die Beziehungen, die er zu sich selbst entwickelt, zu seinesgleichen und zum gesamten Universum. Es wäre auch vorstellbar, dass diese Mutation (wenn man sie denn so nennen darf) sich individuell vollziehen muss, indem jeder Einzelne seine eigene Wandlung vollführt, und dass sie sich nicht automatisch auf die Nachkommen überträgt, selbst wenn eine angemessene Erziehung es zweifellos begünstigen kann. Schließlich könnte es sein, dass dies die einzige wirkliche Lösung für die Probleme darstellt, mit denen die Menschheit gegenwärtig konfrontiert ist. Die Anwendung neuer

Gesctze, neuer Technologien, neuer Gegenmittel, die derselben Denkweise entsprungen sind, welche all diese Probleme hervorgebracht hat, kann aus sich selbst heraus nichts tief reichend und dauerhaft ändern. Die innere Wandlung – eine neue Art zu denken, zu lieben und zu handeln – muss den Anfang machen und die Entwicklung von Hilfsmitteln und Lösungen befruchten, die wahrhaft neu sind und die tief liegenden Ursachen der aktuellen Probleme anpacken können.

Bis hierher haben wir uns vorwiegend dafür interessiert, was uns das Gleichnis von Quintons Schlange über die Fähigkeit des Lebens (gleich ob eines Individuums oder einer Gruppe) lehrt, sich der Verschlechterung seines Milieus zu widersetzen. Wir haben den Akzent gewissermaßen auf die Ausnahme gelegt, die von der Regel abweicht, wenn diese nicht mehr akzeptabel ist. Man kann sich aber auch vom entgegengesetzten Blickwinkel her für dieses Gleichnis interessieren. Statt in den Vordergrund zu rücken, wie sich ein schwarzes Schaf von der Herde, die dem Abgrund gefährlich nahe kommt, absondern kann, lässt sich auch nach der Macht der Herde, der Umgebung, des Klimas fragen, nach der Bedeutung des Kontextes, der Kraft der großen Zahl. Quintons Theorie weist ja zuerst einmal darauf hin, dass es die natürliche Neigung eines Individuums ist, in Osmose mit seiner Umgebung zu leben und deren Vorzüge und/oder Fehler zu übernehmen. So taten es die ersten Lebensformen, die im Ozean erschienen, und so tun es die meisten Kinder in dem familiären, religiösen und soziokulturellen Milieu, in welchem sie heranwachsen. In der Anfangsphase ist Osmose die Regel und Individuation die Ausnahme.

Wissen wir dies erst einmal, sollten wir mit viel größerer Aufmerksamkeit beobachten, welches Klima und welches Milieu wir in Gesellschaft, Schule, Familie und den verschiedenen Kontexten, in denen wir uns bewegen, schaffen (oder manchmal passiv zulassen). Wenn wir Sümpfe schaffen, brauchen wir uns nicht zu wundern, dass blutdürstige Mücken daraus entspringen. Die Regel besagt, dass mit fortschreitendem Niedergang einer bestimmten Umgebung die meisten in ihr lebenden Individuen ebenfalls zum Niedergang neigen. Daher sollte es Priorität haben, über die Qualität des Milieus, des allgemeinen Ambientes und des Lebensrahmens zu wachen.

Ein Mensch, der in einem ländlichen Milieu lebt und für einen Tag nach Paris fährt, wird zum Beispiel erleben, wie sich sein Verhalten durch den für eine Großstadt typischen Stress sofort ändert: Er ist besonders wachsam, seine Muskulatur ist angespannter, er achtet stärker auf sein Portemonnaie, seinen Schmuck, seine Handtasche. Ebenso wird jemand, der einige Tage in einem Kloster zubringt und dort das Leben der Mönche teilt, ganz gewiss die Wirkungen dieses Milieus an sich spüren – eines Milieus, das geprägt ist von einem Wechsel von Gesängen, Gebeten, Schweigen und bewusster Arbeit. In diesem Rahmen wird er fühlen, dass er nicht mehr derselbe ist, und vielleicht gewinnt er sogar ein Bewusstsein für eine Dimension, die in ihm schlummerte und sich in seinem gewohnten Lebensrahmen nicht manifestieren konnte. Es ist eine Tatsache: Bestimmte Umgebungen erwecken in uns die schönsten Anlagen, während andere auf gefährliche Weise das Tier wachkitzeln, das sich in unserem tiefsten Innern verbirgt.

Bei Kindern wird dieses Phänomen oft am deutlichsten sichtbar, denn ihre Fähigkeit, den Umwelteinflüssen zu widerstehen, entwickelt sich erst mit zunehmendem Alter. So kann ein Kind, das in einem bestimmten Kontext (beispielsweise in der Schule) als »schwierig«, »zappelig« oder »wild« bezeichnet wird, sich in einem anderen Kontext (außerschulische Aktivitäten, andere Schule etc.) als sehr nett, kooperativ und verträglich erweisen.

Unsere individualistische Kultur hat ihre Vorzüge und ihre Nachteile. Unter den Letzteren wird man exakt auf jene sehr eingeschränkte Fähigkeit stoßen, ein gesundes und stimulierendes Lebens-, Studien- und Arbeitsklima zu schaffen und zu bewahren. Man rückt das Individuum in den Vordergrund, ohne sich um den allgemeinen Kontext zu kümmern, in welchem es sich bewegt. Dabei beeinflusst dieser Kontext es doch außerordentlich.

Das Elend des Zusammenlebens ist eines der Hauptmerkmale der modernen westlichen Gesellschaft, und zum Ausdruck kommt es in abscheulichen Umgebungen, in denen ein jeder seine Bahn zieht wie ein Abenteurer im Dschungel. Mag das bei manchen auch eine gewisse innere Stärke ausbilden, zur Erhöhung der Qualität unseres gemeinschaftlichen Lebens trägt es ganz bestimmt nicht bei.

Während die »Persönlichkeitsentwicklung« gerade groß in Mode ist, sollte ruhig daran erinnert werden, dass ein gesundes und ausgeglichenes Individuum, das sich die nötige Zeit genommen hat, um an sich selbst zu arbeiten und sich zu entwickeln, nicht ganz für sich allein existieren kann, sondern dass es sich in einem sozialen Milieu bewegt, welches sich nicht nur selbst als krank erweisen kann, sondern auch als krank machend für jene Menschen, die in ihm stecken. Ja, man kann sich der Verseuchung durch die Umwelt entgegenstellen, aber dieser Widerstand hat einen Preis: Er verlangt eine Menge Energie und Anstrengungen, die man dann nicht für andere Dinge verwenden kann. Neben der Persönlichkeitsentwicklung muss künftig also auch die »Kollektiventwicklung« oder »Sozialentwicklung« ins Auge gefasst und umgesetzt werden: Es muss gelingen, ein Milieu zu schaffen, das den persönlichen Bedürfnissen des entfalteten Individuums entspricht, aber gleichzeitig die Entfaltung der anderen begünstigt (»begünstigt«, denn ein Mensch hat stets die Freiheit, die auf ihn wirkenden Einflüsse anzunehmen oder zurückzuweisen – die positiven eingeschlossen).

Unterstreichen will ich hier lediglich, dass man gleichzeitig auf gesellschaftlicher Ebene und individuell arbeiten muss – auf Letzteres habe ich in diesem Buch ja besonders nachdrücklich hingewiesen. Da nicht alle Menschen dieselbe Befähigung haben, widrige Umstände so auszunutzen, dass sie einen stärker und größer machen, ist es auch wichtig, an der Verbesserung des Milieus, in welches wir eingetaucht sind, und am allgemeinen Kontext zu arbeiten, um die Entwicklung eines jeden zu fördern. Das Gleichnis von Quintons Schlange sollte nicht als elitärer Blick auf die Evolution verstanden werden, bei dem all jene am Wegrand zurückbleiben, die sich von den schwierigen äußeren Bedingungen nicht zu emanzipieren vermögen. Es legt nämlich auch den Gedanken nahe, dass jene, die Pionierarbeit geleistet und als Erste eine innere Mutation vollzogen haben, hinterher beauftragt sind, bessere äußere Bedingungen herzustellen, damit die Entwicklung der anderen erleichtert wird.

Was für einen weiten Weg haben wir mit dem Gleichnis von Quintons Schlange zurückgelegt! Zuerst haben wir gesehen, dass die Umgebung ganz natürlich einen Einfluss auf die in ihr lebenden Wesen ausübt und dass diese Lebewesen zu einer Osmose mit ihr tendieren. In einem zweiten Schritt haben wir herausgestellt, wie es möglich ist, sich dem Verfall dieser Umgebung entgegenzustellen, Autonomie zu erlangen und vom Milieu unabhängig zu werden. Indem wir über Quintons Theorien hinausgegangen sind oder sie vielmehr weitergedacht und durch seither gemachte Entdeckungen bereichert haben, konnten wir zeigen, dass der Mensch dank der Transformationen, die er in sich selbst vornimmt, um sich von seinem Milieu zu befreien, danach seinerseits diese Umgebung verändern kann, um sie seinen Werten gemäßer zu machen und auch andere von diesen Verbesserungen profitieren zu lassen.

Was mich nicht umbringt, macht mich stärker, heißt es bei Nietzsche sinngemäß. Was mir in der Außenwelt fehlt, entwickle ich in mir selbst, sagte Quinton auf seine Weise. Was ich in mir entwickelt habe, verbreite ich rings um mich, damit jeder einen Nutzen davon hat. So haben es im Lauf der Geschichte Jesus, Gandhi, Mandela und ihresgleichen vorgeführt. Einflüsse empfangen und dann selbst Einfluss ausüben; sich individualisieren, um hinterher die Gesamtheit zu bereichern;

sich über die anderen aufschwingen und sie dann mit in die Höhe ziehen – dies ist die ständige Hin- und Herbewegung zwischen dem Individuellen und dem Kollektiven, die der Entwicklung ihren wechselnden Gang und ihren Rhythmus verleiht.

Ein Fazit:
Sind wir schon gekocht?

Nun sind wir nach sieben Stationen also am Ende unserer »Reise ins Land der Allegorie« angelangt. Ich hoffe, dass Sie unterwegs Geschmack an Gleichnissen gefunden und eine Ahnung davon bekommen haben, welche Lehren wir aus den Naturerscheinungen ziehen können, wenn wir uns nur die Zeit nehmen, sie zu beobachten. Die Natur ist ein großes Buch: Alles in ihr ist Symbol, alles redet zu dem, der Schritt für Schritt lernt, ihre Sprache zu dechiffrieren und die Entsprechungen zwischen allen Dingen richtig zu lesen. Dort, wo manch einer nichts als Zufall und Chaos erblickt, werden andere Ordnung und Sinn erkennen. Phänomene, die in den Augen mancher Leute klar voneinander abgegrenzt sind, können sich uns als eng miteinander verbunden, verflochten, wechselseitig abhängig enthüllen. Symbole und Gleichnisse helfen uns dabei, wieder Verbindungen herzustellen und uns selbst – diesmal in vollem Bewusstsein – mit der uns umgebenden Welt zu verbinden.

Es ist kein Zufall, dass man heutzutage ein neu er-
wachtes und sehr lebhaftes Interesse für Rituale beobachtet: Bücher, Artikel und Workshops zu diesem
Thema häufen sich, seien sie nun für den persönlichen,
familiären oder beruflichen Gebrauch gedacht. Rituale
wurzeln nämlich ganz genau in solchen Symbolen und
Verbindungen: Die von uns entzündete Kerze symboli-
siert die Flamme des Geistes, die wir in uns selbst entfa-
chen möchten; Gegenstände, die wir begraben, stehen
für Elemente unserer Vergangenheit, von denen wir uns
lösen möchten; der von uns gepflanzte Baum evoziert
eine neue Schöpfung, einen neuen Start ... Jede Geste,
die wir bei einem Ritual ausführen, findet in unserem
Innern ihre Entsprechung. Je mehr wir uns bewusst
werden, dass alles miteinander verbunden, verknüpft,
verwoben ist, desto stärker werden wir ganz von selbst
dazu neigen, diese Bindungen mithilfe von Ritualen
auszunutzen, um einen Übergang zu begünstigen, in-
tensiven Lebensmomenten Ausdruck zu verleihen, um
jemanden zu trauern oder ein freudiges Ereignis zu fei-
ern.

Die erste Etappe unseres Voranschreitens ist also die
Bewusstwerdung. An die Stelle des derzeit sehr verkopf-
ten, analytischen und narzisstischen Bewusstseins –
denn wie Narziss ist der Mensch der Gegenwart ganz
versunken ins Bewusstsein seiner selbst, das ihm seine
Befähigung zum Nachdenken verleiht – müssen wir ein
eher intuitives, sensibles, tief greifendes Bewusstsein
setzen, das nicht an der äußeren Hülle der Erscheinun-
gen abgleitet, sondern die reflektierende Oberfläche des
mentalen Spiegels durchdringt, um zu einer reicheren,
vollständigeren Wahrnehmung der Welt zu gelangen.

Narziss, der sein Spiegelbild im Wasser betrachtet und letztendlich hineinfällt und ertrinkt: hier haben wir noch eine schöne Metapher für unsere Schlussbetrachtung! Wussten Sie, dass wir jenem Narziss auch die Begriffe »Narkose« und »Narkotika« verdanken, das Einschläfernde, das Gaukelwerk, den Todesschlaf? (Übrigens pflanzt man Narzissen ja auch auf Gräber.) Wer sich für das Bewusstsein entscheidet, zieht also den Wachzustand dem Schlaf vor, er weist Verdummung und Einschläferung von sich, er hat das Leben lieber als die künstlichen Paradiese, die virtuellen Welten. Es ist die Entscheidung, uns für den anderen zu öffnen und wieder Bindungen herzustellen, während doch heutzutage so viele Apparate und Spielchen darum wetteifern, uns in künstlichen Blasen voneinander zu isolieren. Ja, Narziss muss sterben, aber nur in seiner beschränkten, unbewussten Existenz. Ja, er muss sein Spiegelbild durchstoßen, die Spiegelung im Wasser zerbrechen, aber um in eine andere Dimension zu gelangen, zu einem höheren Bewusstsein als dem Ich-Bewusstsein allein. Der Mensch hat durch sein Großhirn, seine mentale Kraft ein Bewusstsein seiner selbst erlangt und sich aus dem Tierreich abgehoben. Aber diese Individuation ist kein Selbstzweck, ebenso wenig wie die Isolation der Schmetterlingspuppe in ihrem Kokon: Sie ist nur das Vorspiel für eine neue Teilhabe an der Welt, sobald der Kokon erst einmal zerrissen, die rein mentale Sphäre erst einmal überschritten ist. Die verschiedenen Yogas, Gebete, Meditationen und Kontemplationen legen in uns andere Möglichkeiten frei, setzen andere Wahrnehmungen in Gang und erwecken latente Funktionen, mit deren Hilfe wir über unser Ego hinausgelangen können.

Sind wir letzten Endes aber nicht schon halb gekocht? Wahrscheinlich noch nicht, doch das Feuer unterm Kessel brennt auf jeden Fall schon. Werden wir enden wie der Frosch oder befreien wir uns wie der Schmetterling? Sterben wir den Erstickungstod im Ei oder können wir mithilfe all dessen, was wir in unserem Inneren erworben haben, die Eierschale zerbrechen? Werden wir einen evolutionären Sprung vollziehen oder in Sachen Spiritualität Reptilien bleiben?

Obgleich diese Entscheidung zunächst einmal jedem selbst vorbehalten ist, wird sie doch auch von der Anzahl der Menschen beeinflusst, die lieber die Entwicklungsoption gewählt haben als die todbringende Entropie. Sobald erst einmal eine bestimmte Anzahl gewandelter Individuen überschritten ist (die kritische Masse), ist es sehr wahrscheinlich, dass die Veränderung für alle Nachfolgenden leichter wird, obwohl sie dann immer noch die bewusste Entscheidung jedes Einzelnen erfordert. Wie wir es vom chinesischen Bambus erfahren haben, könnte es auch hier geschehen, dass die unsichtbaren Veränderungen, die viele Menschen heute eifrig vollziehen, letztlich in eine überraschende und schnelle äußere Verwandlung münden, wenn erst einmal der richtige Augenblick gekommen ist. Dies ist die Hoffnung, die mich beseelt, und der Wunsch, den ich hege.

Anmerkungen

S. 40 »*menschlichen Bambusschösslinge*« *zu überzeugen:* Lesen Sie dazu vor allem das Buch *Le concept du continuum* von Jean Liedloff.

S. 43 *Das Wachs und das heiße Wasser:* Diese Parabel ist den Werken von Edward de Bono entnommen: *Laterales Denken* (Reinbek bei Hamburg, Rowohlt, 1971), *Serious creativity* (Stuttgart, Schäffer-Poeschel, 1996), *In 15 Tagen Denken lernen* (Reinbek bei Hamburg, Rowohlt, 1971), oder auch das noch nicht ins Deutsche übersetzte *Why so stupid?* aus dem Jahre 2003.

S. 60 *In seinem bemerkenswerten Buch:* Rudolf H. Strahm, *Warum sie so arm sind,* (Wuppertal, Hammer, 1985)

S. 69 *die Entbindung »weggenommen«* hat: Lesen Sie von Stanislav Grof zu diesem Thema *Topographie des Unbewussten* (Stuttgart, Klett-Cotta, 1978) und *Geburt, Tod und Transzendenz: neue Dimensionen in der Psychologie* (München, Kösel, 1985).

S. 93 *Polizei oder sonstigen Zwängen:* Viktor E. Frankl, den wir an anderer Stelle schon einmal zitierten, hatte sich im Konzentrationslager eine sehr einfache Klassifikation erarbeitet, die er sowohl auf seine Mitgefangenen als auch auf die Lageraufseher anwendete: »*Es gibt welche, die anständig sind*«, schrieb er, »*und welche, die es nicht sind.*«

S. 101 *eine außergewöhnliche Persönlichkeit:* Eines Tages wird vielleicht ein Regisseur beschließen, dieser außerordentlichen Gestalt der französischen Geschichte einen Film zu widmen. Quintons Leben würde sich sehr gut dafür eignen.

PIPER

François Lelord
Hectors Reise

oder die Suche nach dem Glück. Aus dem Französischen von
Ralf Pannowitsch. 187 Seiten. Gebunden

Auf seiner Weltreise stellt Hector allen, denen er begegnet, die-
selbe Frage, die wiederum bei Männern meist Belustigung,
bei Frauen eher Tränen hervorruft: »Sind Sie glücklich?«
Warum träumen wir so oft von einem glücklicheren Le-
ben? Liegt das Glück im beruflichen Erfolg oder im privaten?
Hängt es von den Umständen ab oder von unserer Sicht-
weise?
Am Ende seiner Abenteuer hat Hector dreiundzwanzig
Antworten und erkennt: nichts ist einfacher als wahres
Glück.

»Ein philosophisches Märchen.«
Le Figaro

01/1337/02/R